영원의 선을
이루는 사랑

# 영원의 선을 이루는 사랑

이석환 지음

좋은땅

## 저자의 말

✦

　다섯 번째로 선보이는 책은 사랑에 관한 시집으로 내놓는 바이며 참으로 오랜 세월 동안 사랑의 시를 써 온 바 한 번 더 습작을 걸쳐서 완성된 시를 한 권의 책에 담아서 세상 밖으로 내보낸다. 오랜만의 외출이고 사랑이란! 생각하기 나름이겠지만 '그 언제나 변함없이 서로 사랑하는 것이 아닐까?' 한다. 온 세상이 메마를지라도 가장 아름다운 사랑 하나로 모두 다 행복하기를 바라는 마음 간절하다.

## 목차

저자의 말 　　　　　　　　　　　　　- 5

1. 사랑의 시 　　　　　　　　　　　　- 15
2. 사랑 하나로 　　　　　　　　　　　- 17
3. 우리 다시 만나요 아름다운 이곳에서 　- 19
4. 사랑하는 여인을 위하여 　　　　　　- 20
5. 사랑의 열림 　　　　　　　　　　　- 22
6. 사랑과 행복 그리고 연인들 　　　　　- 23
7. 마음 적인 사랑 　　　　　　　　　　- 25
8. 하나 된 영혼의 사랑 　　　　　　　　- 27
9. 우리는 연인들 　　　　　　　　　　- 29
10. 열 단계 　　　　　　　　　　　　- 30
11. 사랑이란! 1 　　　　　　　　　　- 31
12. 사랑이란! 2 　　　　　　　　　　- 32
13. 사랑아 너는 지금 어디에 있는가? 　- 33
14. 사랑에 관하여 　　　　　　　　　- 34
15. 사랑 속의 사랑 　　　　　　　　　- 35
16. 영원의 선을 이루는 사랑 　　　　　- 36

17. 그대는 나의 영원한 연인 - 37
18. 사랑 찾아 - 40
19. 사랑하여서 - 41
20. 이미 시작된 사랑 2 - 43
21. 한 줄기 사랑 - 44
22. 사랑하면 안 되나요 - 45
23. 이별 없는 연인들 - 47
24. 보고 싶은 마음 - 49
25. 연민의 정 - 51
26. 소중한 기억 속으로 - 53
27. 사랑의 어울림 - 55
28. 밀려오는 사랑 - 56
29. 슬픈 영화 - 58
30. 죽음보다 강한 사랑 - 59
31. 인연을 만들다 - 61
32. 사랑의 낙서 - 63
33. 하늘과 땅의 마음
　〈원제: 드넓은 사랑〉 - 64
34. 연상 연인 - 66
35. 우리 사랑할래요 - 67
36. 그대의 여인상 - 69
37. 영혼 속에 비추는 사랑 - 70
38. 사랑 연가 - 72
39. 단 사랑 - 73

40. 이성 느낌 - 74
41. 영원한 사랑 - 76
42. 외면할 수 없는 사랑 - 77
43. 시 속에 그려진 사랑 - 78
44. 사랑의 기도 - 79
45. 사랑이여! 오라 - 81
46. 피아노 위의 사랑 - 83
47. 내 마음의 여인 - 85
48. 은밀한 사랑 - 87
49. 사랑이란! 이유로
〈원제: 순수한 사랑〉 - 89
50. 위대한 사랑 1 - 91
51. 깊은 늪의 사랑 - 93
52. 사랑의 님아 - 95
53. 너에게 보내는 메시지 - 96
54. 사랑의 계절 - 97
55. 무제한 사랑 - 98
56. 애타는 기다림 - 100
57. 한밤의 데이트 - 101
58. 오랜 날의 사랑 - 102
59. 해맑은 눈동자 - 104
60. 사랑의 길로 - 105
61. 행복하세요
〈원제: 정혼 시즌〉 - 106

| | |
|---|---|
| 62. 사랑하나 봐 | - 108 |
| 63. 내 가슴의 그대여 | - 109 |
| 64. 어느 한 여인을 위한 시 | - 110 |
| 65. 사랑 노트 | - 112 |
| 66. 사랑의 생애여! | - 114 |
| 67. 만남을 위한 사랑 | - 116 |
| 68. 사랑의 축복 | - 118 |
| 69. 하얀 밤 | - 120 |
| 70. 너를 향한 마음 1 | - 121 |
| 71. 아주 오랫동안 | - 122 |
| 72. 시와 음악의 밤 | - 124 |
| 73. 사랑에 빠진 나 | - 126 |
| 74. 가리지 마 | - 127 |
| 75. 싱글 탈출 | - 129 |
| 76. 시 속의 사랑 | - 131 |
| 77. 프러포즈 | - 133 |
| 78. 사랑하는 님이여 | - 135 |
| 79. 꽃 피는 계절 | - 136 |
| 80. 맨 처음의 사랑 | - 137 |
| 81. 그대는 무엇을 사랑하는가? | - 139 |
| 82. 아름다운 당신에게 | - 140 |
| 83. 사랑의 메시지 | - 141 |
| 84. 단 하루를 위한 사랑 | - 142 |
| 85. 지금 어디에! | - 143 |

86. 인연이 아닌 사랑 - 144
87. 사랑의 조화 - 145
88. 만남 사랑 그리고 행복 - 146
89. 사랑하는 연인들 - 147
90. 1204 - 149
91. 슬픈 사랑 - 150
92. 무의미한 사랑 - 151
93. 가을 사랑 - 152
94. 손대지 마 - 154
95. 추리 사랑 - 156
96. 7일간의 사랑 - 157
97. 돌아가고 싶어요 - 158
98. 해맑은 날의 사랑 - 159
99. 지독한 사랑 - 160
100. 사랑의 편지 1 - 162
101. 사랑의 편지 2 - 163
102. 사랑의 편지 3 - 164
103. 기약 없는 사랑 - 165
104. 고독 속의 사랑 - 167
105. 사랑과 이별 사이 - 168
106. 진지한 사랑 - 170
107. 그대 없는 빈자리 - 172
108. 마음 미인 - 173
109. 서로를 위한 사랑 - 174

110. 위험한 사랑 　　　　　　　　　　　　- 175

111. 너는 나야 　　　　　　　　　　　　　- 176

112. 예약된 사랑 　　　　　　　　　　　　- 178

113. 새벽하늘
　　〈원제: 돌아와 줘 내 곁으로〉 　　　　　- 179

114. 사랑의 날로 　　　　　　　　　　　　- 180

115. 마리안느 　　　　　　　　　　　　　- 181

116. 사랑의 그녀 　　　　　　　　　　　　- 183

117. 푸른 날 　　　　　　　　　　　　　　- 184

118. 푸른 날의 약속 　　　　　　　　　　　- 185

119. 연인들의 노래 　　　　　　　　　　　- 186

120. 내일의 사랑 　　　　　　　　　　　　- 187

121. 삼중 사랑 　　　　　　　　　　　　　- 189

122. 그리운 내 사랑 　　　　　　　　　　　- 190

123. 사랑을 향해 쏴라 　　　　　　　　　　- 191

124. 낯선 거리의 여인 　　　　　　　　　　- 193

125. 단 하나의 사랑 　　　　　　　　　　　- 195

126. 그래 이야기하자 　　　　　　　　　　- 196

127. 사랑의 풍경 　　　　　　　　　　　　- 198

128. 시인의 아픈 사랑 　　　　　　　　　　- 200

129. 사랑은 의아함이 아니다 　　　　　　　- 202

130. 사랑한다는 것은 2 　　　　　　　　　- 204

131. 우리 사랑 끝날 때까지 　　　　　　　- 206

132. 세상에서 가장 아름다운 사랑 　　　　- 207

133. 사랑의 불꽃 - 208
134. 사랑 그리고 그리움 - 209
135. 사랑 나누기 - 210
136. 사랑의 값어치 - 211
137. 가을 연인 - 213
138. 외사랑 - 214
139. 너를 찾아 - 215
140. 운명의 연인들 - 216
141. 사랑 그것은 기다림 - 217
142. 우리 이대로 - 218
143. 너의 모든 것을 사랑한다 - 219
144. 그대의 연인 - 221
145. 실제로 사랑하라 - 222
146. 인연 속의 사랑 - 224
147. 우리의 깊은 사랑 - 225
148. 흔들리는 사랑 - 226
149. 사랑 늘리기 - 227
150. 여인의 사랑 - 228
151. 꽃잎 속에 피어난 사랑 - 230
152. 떠나지 않는 곳에서 - 231
153. 사랑과 인생 - 232
154. 사랑의 여인아 - 234
155. 서투른 연애 - 235
156. 작은 사랑 - 236

| | |
|---|---|
| 157. 숲속 사랑 | - 237 |
| 158. 이동전화기 | - 239 |
| 159. 첫사랑의 여인 | - 241 |
| 160. 슬픈 운명 | - 243 |
| 161. 가을로 가는 우리 | - 245 |
| 162. 잘못한 사랑 | - 247 |
| 163. 너에게 고백하는 시 | - 249 |
| 164. 영혼을 태우는 사랑 | - 251 |
| 165. 하나 된 삶으로 | - 254 |
| 166. 봄날의 애인 | - 255 |
| 167. 두 가지로 보는 사랑 | - 256 |
| 168. 마음속의 사랑 | - 257 |
| 169. 한 사람을 위한 사랑 | - 258 |
| 170. 커다란 사랑 | - 260 |
| 171. 매우 아픈 사랑 | - 262 |
| 172. 지난 후에 | - 264 |
| 173. 사랑 사이 | - 266 |
| 174. 작은 미소 | - 267 |
| 175. 봄날을 피운다 | - 268 |
| 176. 사랑 노래 | - 269 |
| 177. 가을밤의 연인들 | - 270 |
| 178. 낯선 거리의 너 | - 271 |
| 179. 연정 | - 273 |
| 180. 푸른 연인들 | - 275 |

181. 아름다운 여인/드림의 시            - 276

182. 네 글자            - 278

183. 이별에서 사랑까지            - 279

184. 사계절 속의 사랑            - 281

185. 아스라한 사랑            - 282

186. 피우지 못한 사랑            - 283

187. 시인의 사랑            - 284

188. 끝날 수 없는 사랑            - 286

189. 가을 타는 바람            - 287

190. 사랑의 운명            - 289

191. 뒤늦은 사랑            - 291

192. 창밖 하늘가 너에게로            - 292

193. 사랑과 미움의 차이            - 294

194. 거짓된 사랑            - 295

195. 기다리는 계절            - 296

196. 살인 사랑            - 298

197. 기억 저편            - 299

198. 별이 된 사랑            - 300

199. 사랑의 끝을 향해            - 302

200. 이별 없는 세상을 위하여            - 304

## 사랑의 시

창문 너머로 보일 듯 말 듯
사라지는 여인의 환상이
가로등 불빛이 되어 깜박거리네
언제부턴가 다가온 모습이
뇌리를 스치고
쓸쓸함이 밀려드는 밤에
보름달처럼 그리는 얼굴이
가깝고도 먼 곳에 있네
미치도록 보고 싶은
여인을 잊지 못하여
희미한 환상에서 깨어나지 않네
나의 작은 마음속에 솟구치는 사랑아,
밤새도록 쓴 새하얀
시가 눈처럼 내리고
녹아든 아침 햇살이
여인을 지켜 주네
밝은 모습 되어 만날 수 있을까?
시간이 흐른 후

조용히 들려오는 사랑 이야기!
여인의 목소리가 귓가에 맴도네.

## 사랑 하나로

그대 어디가 아픈가요.
나에게 오세요.
내가 치료해 줄게요.
그대 외로운가요.
내 곁으로 오세요.
포근히 감싸 줄게요.
그대 마음 나에게 주고
내 마음 그대에게 주면
우리가 될 수 있어요.
연인으로 다시 태어나
세상에서 가장 행복한
모습으로 내 어깨에 기대 보아요.
사랑 하나로 이어진다면
백만 송이 장미보다 더 아름답고
보석보다 더 찬란한
미래를 꿈꿀 수 있어요.
그대의 영혼까지도
앗아 가 버린 나의 사랑이여!

하염없이 흐르는 시간 속에
맑게 빛나는 눈동자가
내 마음에 보이고
밤이 깊어도 들려오는
여인의 숨결이 고스란히 느껴져요.
사랑하는 영혼이여!
내 마음에 간직한 여인이여!

## 우리 다시 만나요 아름다운 이곳에서

바람 찬 거리에 낙엽은 지고
쓸쓸히 걷는 내 발길
그리운 지난날이 가을 속을
맴돌고 그대를 만난 그 자리를
또다시 찾아 옛 추억을 회상하네
그토록 아름다운 사랑아,
지금은 사라진 한 떨기
낙엽이 되었나요
내 마음의 그대를 잊지 못해
추억 속으로 떠나가네
또다시 머무는 이 자리 초라한 내 모습
그대 올 것만 같아 오늘도 기다리네
지난날의 사랑이 갑작스레 떠올라
낯선 느낌이 들지 않네.
이제 우리 다시 만나요,
아름다운 이곳에서!

## 사랑하는 여인을 위하여

그대를 위한 약속을 지키고자 함은
갈등 없는 나날로 접어들며
마음을 열고자 하는 것이요
사랑의 내막을 파헤치고자 함이니
지금 그대로의 모습 두려워하지 말아요
그대만큼 사랑할 수 있기 때문에
쌓는 탑이 무너질 수 없어요
창밖에 보이는 넓은 세상 그대와 나 있음에
한결같은 마음을 다지며 하나로 엮어 보아요
삶에 관한 진솔한 이야기들,
사랑 속에 가득히 채워 보아요
나 그대를 위하여
온갖 것 버릴 준비가 되어 있나니
자신을 너무 자책하지 말아요
진실한 마음 하나로 우리의 앞날을 설계해요
과거 속의 아픔과 시련!
저 하늘 높이 날려 버릴게요
그대로 인하여 웃음 찾는 내가 되어

이 한세상 살아갈지니

진정 아름다운 내일로 한 걸음 더 나아가요

우리의 공간이 좁다 하여도

사랑은 그 이상 넓잖아요

사랑해요, 그대만을

이 세상 끝날지라도

나만의 여인이여!

내일로 가는 마차를 타고

행복한 여행을 떠나요

저 넓은 세상과 마주하며 말이에요

사랑해요, 한없이 모든 것 다 줄게요

모자라지 않도록

## 사랑의 열림

어느 한 여인으로 인하여
그대의 인생이 뒤바뀌고
더할 나위 없는
사랑의 마음이 화들짝 열린다
이 세상을 살아가며
우연 속의 만남이
긴 그리움이 되어 헤어짐을
내던져 버린다
행복을 꿈꾸는 두 사람
맑은 냇물의 흐름처럼 늘 한결같다
차곡차곡 쌓아 가는 사랑의 인생이
닫히지 않는 마음속에
고스란히 들어찬다
차 한 잔 마실 때마다
먼 날을 기약하는
사랑의 빛이 매일 비쳐 온다.

## 사랑과 행복 그리고 연인들

사랑이란! 선택인가? 자유인가?
아니면 흔히들 말하는 인연인가?
어떠한 물음표에 대답할 것인가?
서로 다른 생각과
서로 맞지 않는 마음 때문에
갈등이 생기고 이해심이 좁아지면
더는 만나고 싶지도 않고
그리움과 보고픈 마음도 이내 사라진다.
후회하기 전에 오랜 시간을 두고
충분히 생각해 볼 필요가 있고
헤어지기 전에 한 번 더
만나 볼 필요가 있다.
서로의 약속 지킴도 무엇보다 중요하고
하나라도 깨뜨리면 무너질 수밖에 없다.
너 아닌 나/나 아닌 너란! 둘의 사이가
서로 다 알기는 쉽지 않고 이해심이
어느 한계점에 이르면 바닥나 버린다.
드라마 속의 사랑과 소설 속의 사랑은

환상에 보이는 것에 불과하며
서로를 위한 진실한 사랑이 무엇인지
깊이 고민하지 않으면 행복한
연인들로 싹틀 수 없다.
그대를 보며 우연과 필연의 두 가지 중에
어떤 느낌으로 다가오는지 기다려 보는
방법도 괜찮을 것 같다.
서로의 속임수와 아픔의 상처가 없는
사랑을 누구든지 다 원하는 건 당연지사다.
맨 처음 아무것도 모른 채
시작하는 둘만의 공간이
아름답게 남아서
진정 변하지 않는 마음 다짐이
서로의 사랑을 비울 수 없는
그 자리에 머무른다.

## 마음 적인 사랑

내 마음 한구석에
자리 잡은 여인이 있어
날마다 외로워 눈을 떠도
혼자가 아님을 느끼네
누구든 좋아하면 달라지나 봐
내 눈에 보이지 않지만
마음에 남아 기억 속에
아련한 여인이여!
잊혀질 듯하면서도 다시 생각나서
내 마음을 떠나지 않는
여인을 사랑하게 될 것 같아
밖으로 끄집어낸다면
남부러운 시선을 피할 수 없을 거야
가을 하늘 맑음으로
여인과의 만남을 기다리는
행복이 넘치는 나의 인생이여!
깊어 가는 내 마음의 사랑을

가을이 다 가기 전에
만날 수 있을 거야.

## 하나 된 영혼의 사랑

두 영혼의 사랑을 하나로 모으면
그 얼마나 아름다울까?
마치 세상을 다 얻은 듯
행복 만발할 거야
사 그라지 않는 향기를 피우는
두 영혼의 변하지 않음이
마음 깊은 곳에 스며들 거야
다른 것은 원하지 않고
매일 함께 있음을 보는 것이
넘치도록 채우는 소망인 거야
우리의 추억이 되살아나는 곳에
머무르는 날의 떠오름을
멀리까지 보는 거야
늘 그래 왔듯이 새삼스럽지 않은
서로를 위함을 멈추지 못하는 거야
보석보다 찬란하고
햇살보다 더 밝은 사랑이
어두운 곳에 있어도

영혼의 빛은 가릴 수 없을 거야.
나만의 그대여!
우린 오래전부터 하나인 것을

## 우리는 연인들

잠시 떨어져 있어도
보이지 않아도 내 손을 잡아요
따듯한 체온 느끼며
헤어질 수 없음을 알 수 있어요
아침마다 새록하게
피어나는 잎사귀처럼
우리의 마음도 그렇게 피어나요
너와 나 사랑하는 연인들이 되어
허물을 다 벗어 버리고
서로 주고받음이 옳지 않겠어요
아름다운 빛깔이 스며드는
깊은 내음을 품어 내는
사랑을 소중히 간직해요
마주 보는 얼굴로 다정한 미소를 짓는
마음이 누그러지고
서로를 위함이 변하지 않아요
어디 가서 무엇을 하든지
우리는 연인들임을 잊지 못해요.

## 열 단계

나
너를
사랑해
우리 서로
하나가 되어
먼 여행 떠나며
둘만의 이야기를
나누며 사랑의 나날
간직하며 우리 행복한
마음으로 의지하며 살자.

## 사랑이란! 1

그다지 보잘것없는 나
그 이상 나아 보이는 너
전혀 다른 둘의 사이
맞추기란! 쉽지 않은 법!
서로의 이해심을 키우는
지혜로운 사랑이 필요하다
너의 뜻에 따르고
나의 올바름을 보고
서로를 위함이 무엇인지 찾는다
무한정 속의 마음
달라질 수 없는 굳센 다짐!
둘의 존재를 하나로 이어 가는
인연의 끈을 자르면 물거품이 된다
그대로 보고 이루는 사랑을
수렁에 빠트리지 않는다
그 얼마나 소중한지 서로를 알고
충분한 시간을 두는
여유로운 모습이 편안하다.

## 사랑이란! 2

거짓과 진실이 엇갈리는 방황의 길로 걷는
흔들림을 바로잡을 수 있어요
갈등의 벽을 허무는 사랑의 아쉬움을
놓치지 않고 오래도록 나누고 싶어요
아무 의미 없는 이별을 버리고
그리움에 둘러싸인 시간 속을 거닐어요
아픔과 절망 가운데 머물러도 약속된
단 한마디를 잊지 않아요
그토록 기나긴 만남을 기억하고
우리의 사랑을 쌓아 올린
달밤의 이야기를 새하얗게 지울 수 없어요
멀고도 가까운 마음의 사랑을 진실로 담는
그대의 손길을 차마 뿌리치지 못해요
햇살처럼 따사로운 마음
우리의 밝은 표정
사랑의 공간을 아늑하게 느껴 보아요.

## 사랑아 너는 지금 어디에 있는가?

사랑아! 기다려라
너를 찾아 힘차게 달려가리라
그대여! 떠나지 마라
지금 이대로 문밖을 뛰어가리라
어딘가에 있는 내 사랑
갈대 무성한 숲을 헤치며 지쳐 쓰러져도
다시 일어나 너에게 반드시 가리라
사랑아, 너는 지금 어디에 있는가?
그 언제쯤 그대를 만날 수 있을까?
해가 뜨는 아침이 오면 밝은 빛을 받으며
보라색 향기 가득한 너에게 가리라
내 마음에 고스란히 담은 사랑 찾아,
긴 그리움 속에 보이는 너에게 가리라.

## 사랑에 관하여

아무리 흔해 빠진 게
사랑이라 하지만
그 언제나 서로 사랑하며
살아야 하네
삭막하고 힘겨운
세상 속에 사랑마저 없다면
우린 과연! 어떻게 될까?
살아갈 의욕을 잃어버리고
긴 나날을 외로움에 지쳐
밤거리를 방황하겠지
아플 때 어루만져 주고
슬플 때 감싸 주는
사랑이 필요한 것은?
너와 나의 밝은 내일을 위한 거야
너와 나의 축복된 만남을 위한 거야
서로 보듬어 주는 사랑은
참으로 선하고 행복한 마음의
아름다움인 거야.

## 사랑 속의 사랑

매일같이 보고 싶은 너를
겉으로 사랑하고 싶지 않네
어딘가 남아 있는 다정한 모습이
꽃처럼 피어나기를 소망하네
너무 쉬운 것도 너무 흔한 것도
어울리지 않고 깊은 곳에 숨겨 둔
헤아림이 서로를 위한
사랑을 말해 주네
단 하루도 멀어질 수 없는
사이가 되어
늘 가까운 느낌이 드네
우리의 아픔을 씻겨 주는
산뜻한 마음속에
기쁨의 미소가 떠나지 않네
그 언제나 떠올린 사랑으로
마주 보는 날을 멈출 수 없고
둘이서 걸어온 인연의 길을
잠시 돌아보네.

## 영원의 선을 이루는 사랑

너의 사랑이 나의 마음이 되어
영원을 향한 끝없는 길로 가리라
기나긴 그리움이 밀려올 때마다
따사로운 햇살이 포근히 감싸 주리라
서로 같은 곳을 바라보며
행복이 흘러넘치는 모습을
오랜 날의 추억 속에 간직하리라
하늘빛을 따라 이루는 선의 사랑이
아름답게 비추고 단 하나로 이어지리라
너와 나의 위함이 우리의 연인들로 남아
아득히 먼 영원 속에 머물리라
갈라놓을 수도 막아 버릴 수도 없는
사랑의 온 마음이 흰 구름 두둥실 떠가는
하늘로 날아가리라.
너와 나 손잡고 영원 속으로

## 그대는 나의 영원한 연인

우당탕 울려 퍼지도록
댄스 팝을 틀어요
이 밤이 다 가도록
즐거움이 넘치도록 춤을 추어요
신나는 음악 소리 들려와요
둘만의 무대를 만들어 춤을 추어요
슬픈 표정 짓지 말아요
우리에게 행복만이 남아 있어요
그대 내 손을 잡아요
우리 사랑 영원할 수 있어요
화려한 조명 불빛 속에 비치는
그대와 나의 모습이 아름다워요
한껏 멋을 낸 옷차림도 그럴듯해요
리듬에 맞추어 음악에 젖어
뒤흔들어 보아요
아름다운 이 밤을 위하여!
사랑의 축배를 들어요
정열적인 사랑을 위하여!

온몸을 뜨겁게 달구어요

그대는 나의 영원한 연인!

나는 그대의 둘도 없는 사랑

깊어 가는 이 밤에

별들도 샘이 난 듯 질투를 하네요

언제까지나 사랑해요

이 세상 다할 때까지

언제까지나 간직해요

우리 마음 다할 때까지

삶이 끝나도 죽어서

영원한 사랑을

이룰 수 있을 때까지!

끊이지 않고 튀어나오는 음악에 의해

그대와 나 한 몸이 되었어요

아침이 오지 않았으면 좋겠어요

손뼉을 치면서 화사하게 웃으며

이 밤을 영원히!

마음껏 신나게 그 이상

즐겁게 춤을 추어요

사랑의 밤이 불타도록

그대 마음 다하는 순간까지

모든 것 다 쏟아 버려요.
나의 영원한 연인이여!

## 사랑 찾아

나 이제 떠나리라
그리고 찾으리라
진실한 내 사랑을

## 사랑하여서

그대 하나만을 사랑하여서
아파하고 슬퍼했노라
진정으로 사랑하여서
보고 싶고 그리웠노라
가슴으로 사랑하여서
시퍼렇게 멍들었노라
조건 없이 사랑하여서
가난해도 행복했노라
짧고 굵게 사랑하여서
다 주어도 모자랐노라
너무나도 사랑하여서
헤어진 날 붙잡지 못하였노라
떠난 후에도 사랑하여서
눈물 한 방울 흘리지 않았노라
죽도록 사랑하여서
잊고 사는 연습을 하였노라
애달프도록 사랑하여서
예전으로 돌아갈 수 없었노라

영혼까지 사랑하여서
고독과 외로움을 잊었노라.

그대를 두고 떠나는 세상
쓸쓸히 꺼져 가는 생명의 불꽃이여!
마지막 날까지 나의 모든 것
다 바쳐 영원히 사랑하노라.

## 이미 시작된 사랑 2

휘몰아치는 물결 따라 흐르는 사랑아,
한없는 기다림 속에 넓어지는 그리움아,
바다 멀리 떠오는 너의 모습이
아침 햇살로 비추고 따뜻한 미소가
창가에 내려앉는다
한 아름 담는 우리의 사랑이
영원의 하늘이 되어
축복의 노래를 부른다
만남을 위한 약속을 이루고
시작된 마음 열림이
더는 닫히지 않는다
너와 나의 받아들임을 하나로 묶어서
서로의 깊은 곳에 고스란히 간직한다
이별 없는 풍경을 그려 놓고 지울 수 없는
해맑은 다짐을 끌어안는다.
환상의 나래를 펼치는 영혼 사랑이여
잊지 못하는 이유로 너와 나 여기에!

## 한 줄기 사랑

물은 한곳으로 흐르기 때문에
절대로 새 나가는 법이 없다
바다에 출렁이는 빛을 보라
한 줄기로 비추지 않는가?
맑은 빛 따라 흐르는 사랑이여!
온 세상 가득히 떠올라
행복이 넘치는 미소가 흐르고
마음의 아름다움이 피어오른다
단 하나의 이음 선이
끊기지 않는 의미 속에
사랑이 되어 긴 날로 기약된다
어디서든 찬란하게 비추어라
그 언제나 향기롭게 번지어라.

## 사랑하면 안 되나요

그대를 잊지 못해
그리워하는 이유는
너무나도 사랑하기 때문이지요
보고픈 마음에 지친 나를
사랑해 주면 안 되나요
낙엽이 떨어지는 거리에
행여나 그대 오실까?
기다려요
그 무엇이 두려워서
돌아오지 않나요
왜! 이다지 힘들게 하나요
아픔을 씻으려고
온 마음 달래도
지난 상처를
치유할 수 없어요
지금의 순간 사랑이
절실히 필요한데
내 곁에 아무도 없어요

사랑이란!
혼자 하는 것이
아님을 알기에
그대가 한없이 그리워요
사랑 이상으로 행복도 없고
마음의 편안함도
느끼지 못함을 알고 있나요
그대 정녕! 나를
사랑하면 안 되나요
오늘 밤도 그대 생각에 잠기며
기다리고 있어요
어디에 있는지 연락해 주어요
지금 달려갈게요.

## 이별 없는 연인들

그대와 나의 맑은 영혼이
고운 숨결로 살아나리니
끊을 수 없는
인연으로 받아들여요
단 한 번도 피우지 못한
사랑의 불꽃이 세상에서
가장 아름답게 타올라
아무도 꺼트리지 못해요
긴 그리움에 물들 때마다
보고파서 웃음 짓는 표정을
차마 지울 수 없어요
깊은 곳에 빠져든 사랑을
다시 꺼내는 열림을 닫지 말고
소중한 기억 속에 늘 간직해요
부드러운 손길을 놓치지 않는
연인들이 되어
한결같은 모습으로
우리의 만남을 이어 나가요

온 영혼 다하여 바치는
하나 된 사랑을
아무도 갈라놓지 못하는
이유로 축복받을 수 있어요
이룰 수 있음이 눈앞에 보이고
어둠을 몰아내는 해맑은
사랑의 끝이 보이지 않아요.
이별 없는 세상을 향하여!

## 보고 싶은 마음

단 하나의 진실로
사랑을 말하는 마음이 되어
그대를 향한 그리움
지울 수 없어요
하염없이 보고 싶은
날들이 길어지고
어떤 의미도 나를 바꾸지는 못해요
매일의 시간처럼 차오르는 사랑을
내려 버릴 수 없다는 이유로
그대를 잊지 않아요
두 손 모아 기도하는 내 마음
서로를 위한 간절한 소망
그대여! 들리거든 대답해 주어요
어디서든 머무는 둘만의 공간이
충분히 넓어질 수 있어요
떨어질 수 없는 사랑 때문에
더욱더 보고 싶고
그대를 떠나지 못하는

마음이 뜨겁게 타올라요.
언제까지나

## 연민의 정

서로 사랑하며 사는 건
어디서 오는 걸까?
연민을 느끼며 정을 나누는
세월이 길게 흐름은
이별의 끝은 있어도
사랑의 끝은 없음을 말하네
아무 말 하지 않아도
겉으로 표현을 안 해도
알 수 있는 건 깊은 곳에
남아 있는 그리움 때문이네
하나로 묶어 놓은
쇠사슬을 끊지 못함은
떨어질 수 없고
열쇠가 필요치 않아서
붙어 있는 것이네
오랜 날의 이야기를
듣고 보는 건
정다운 얼굴로 마주하는

행복을 간직함이네
연민 속의 사랑/
사랑 속의 연민이란!
정을 두고 하는 말 아닌가?
늘 머무름은 서로 떠날 수 없는
자리를 지키며
소중한 만남을 잊지 않는
기다림의 시간이네.

## 소중한 기억 속으로

지난날이었다.
내 생애 일대의
최고의 날이었다.
사랑도 하였고 목구멍이
터지도록 웃어도 보았다.
그날의 기억들을
잊을 수도 지울 수도 없다.
자연스럽게 떠가는
풍경 속에 나를 맡기며
슬프고 괴로울 때마다
그날을 떠올린다.
쓴웃음 한 자락이 입가에 맴돌고
소중한 기억들이
나를 다시 살려 낸다.
돌아오라 사랑아,
너는 지금 어느 곳에 있는가?
세상 저편에서 기다리는
너를 만나러 가리라.

소중한 기억들을 더듬으며
멋진 날을 회상하리라.
다 하지 못한 사랑이
기억 속에 남아 있고
보고 싶은 너를 내 품에 안을 날이
시시각각 다가온다.
아스라이 스치는 기억들이
바람에 휘날리지 않고
멈추어 서 있다.
소중함을 물샐틈없이 간직하며
우리가 되어 사랑과
이상을 꿈꾼다.
아련한 기억 속에서!

## 사랑의 어울림

봄처럼 산뜻한 햇살처럼 화사한
사랑이 어둠을 밝히네
파도처럼 밀려오는 바람처럼 불어오는
그대를 넌지시 기다리네
아름답게 달아오르는
꽃의 향기 맡으며 행복을 꿈꾸네
이별 없는 세상을 향한
사랑이 연인들의 곁을 떠나지 않네
뜨거운 정열 속의
마음이 식지 않도록 서로를 불태우네
지친 어깨를 감싸 주는 사랑아!
가지 마라
지난 괴로움 잊어버리는 삶이여!
멈추지 마라
둘만의 긴 날로 이루는
사랑의 어울림을 흩트릴 수 없네.

## 밀려오는 사랑

너무나 보고 싶어서
한없이 그리웠고
잊을 수 없는 추억들이
아스라이 스치었지
지난 이별이 못내 아쉬웠고
뿌리칠 수 없는
사랑이 나를 놓아주지 않았지
님의 기억을 지우려 해도
가슴 깊은 곳에 남음을
차마 지울 수 없었지.

그 후로 어느 날
갑작스레 찾아온 또 다른 사랑,
아무런 준비도 하지 못했는데
새롭게 밀려오네
막지 못하는 이유로 받아들이는
물결이 만날수록 거세지네
가고 오는 사랑/

예전과 다른 모습

이젠 다 잊고

지금의 인연을 끊지 않는

새날이 밝았네

두 번 다시 놓치지 말자는

굳센 다짐이 기나긴

세월 속에 기억되네

이별은 멀고 사랑은 가까운 것

밀려올수록 깊어지네.

## 슬픈 영화

그 누가 사랑하지 않을 사람 어디 있으리
낙엽 지는 가을날에 혼자 아닌 님 없지 않으리
아무런 미련 없이 돌아선다 해도 마음에 담긴
사랑만은 버리지 못하기에 나의 님 찾아 떠나리
하염없이 쌓이는 낙엽을 휩쓸며
바람 찬 거리에서 침이 마르도록
고독을 삼키며 슬픈 마음 잊으리.
어느 날인가 보며 울었던 서글픈 영화처럼!
언젠가 보며 마음 아팠던 슬픈 영화처럼!

## 죽음보다 강한 사랑

그대의 순수한 영혼이
죽음을 뛰어넘는 사랑 하나로
내 모습을 포근히 감싸 안는다
눈빛이 따스하고 밝은 표정을
지울 수 없는 뜻에
힘입어 영원을 약속한다
어떠한 시련이 닥쳐와도
거뜬히 이겨 내는 강함을
내 비추며 진정
살아 있음을 느낀다.
머나먼 끝에서
다시 만나는 날 위하여!
긴 세월이 흘러도 내버릴 수 없는
깊은 사랑을 굳게 붙든다
아픔도 슬픔도 앗아 가 버린
그대의 영혼이 그리움의 배를 타고
넓은 바다 위를 거닌다
마지막 순간이 올지라도

죽음보다 강한 사랑의
불꽃이 되어 찬란히 타오른다
샘물보다 맑은
그대의 영혼이여! 솟아나라
아무도 갈라놓지 못하는
사랑이여! 영원하라.

## 인연을 만들다

사랑이 목마른가요
누군가 그리운가요
문밖을 나서는
발길이 외로워 보여요
모름지기 사랑이란!
어디서 오나요
길을 걸으며 서로 맺는
인연을 만들어요
문득 스치는 모습이
멀리 있지 않아서
마음의 가까움을 느낄 수 있어요
참으로 소중한 인연 속에서
사랑을 피우는 거리에
꽃향기가 그윽해요
벤치에 앉은
그대들의 다정한 모습이
시선을 끌어당겨요
인연을 만든 후 헤어짐은 없고

서로 사랑하는 날만
기다랗게 남아 있어요.

## 사랑의 낙서

어느 가수의 노래처럼
사랑은 언제나 그 자리에 있을까?
물음표의 해답을 찾아
기나긴 만남을 이어 가는 건 아닐까?
잠 못 이루는 밤에 살며시 그려 보는 너!
창가에 우두커니 앉아 진한 커피를 마신다
별들이 속삭이는 고요함이 깊어 가고
낙서하듯 휘젓는 사랑의 이야기를
하얀 백지에 담는다
이대로 끝낼 수 없음을 알고 있는 너!
짧은 이별을 쓰지 않고
세월 흐름 따라 날마다 사랑을 쓴다
늘 기억하는 손길이 가슴에 와닿고
따사로운 정겨움을 잊지 못한다
어두운 밤의 낙서를 해맑은 아침이 오면
너에게 전하는 하루가 멋질 것 같다.

## 하늘과 땅의 마음
### 〈원제: 드넓은 사랑〉

지구상에서 가장 높은 하늘을 보라
맑아지고 흐려짐을 나타내지 않는가?
사람들이 밟으며 지나다니는 땅을 보라
아무리 짓눌러도 꿈적도 하지 않는가?
위에서 내려다보고 밑에서 올려다보는
하늘과 땅은 서로 가까울 수 없다
하여 자연스러운 인연이 닿지 않으면
사랑은 오지 않고 그대의 님을 만나지 못한다
메마른 땅에 뿌려 주는 빗물
계절마다 피우는 꽃들,
맑고도 푸른 하늘의 마음이 되어
드넓은 사랑을 하라
아름답게 가꾸는 정원처럼
시드라지 않도록 간직하라
거짓 없는 진실을 하나로 보는
높음과 낮음의 차이!
한가운데에 머물며 지나친 그리움이 밀려오면
서로 함께 있는 행복이 떠나지 않는다

구름과 물의 흐름을 보고 마음 열림을
쉽사리 닫지 못하는 사랑의 이유로
우리가 되는 시간이 기다림의 끝에서 다가온다
멀고도 가까운 사이가 바로
하늘과 땅의 마음이 아닐까?
그러나 이별하지 않는다.

## 연상 연인

깊어 가는 가을 어느 날
내 마음에 살며시
들어오는 연인이 있네
그대를 향한 그리움을 바람결에
날려 버릴 수 없어서 거리를 걷네
보고 싶은 마음이 더하여
만남의 날을 기약하는 사랑이
언제쯤 올 수 있을까?
둘만의 공간을 그리며
그대와 함께 떠나는
행복한 여행을 꿈꾸네
사랑의 의미를 되새기며
기다리는 연인이여!
가을이 다 가기 전에 돌아와 줘요.
가을이 멀어지기 전에 머물러 줘요.
우리가 되어서!

## 우리 사랑할래요

이슬처럼 맑은 눈동자
한 송이 꽃처럼 예쁜 미소
그녀의 매력에 빠져드는
나의 마음이 어찌할 줄 몰라
한참을 망설이다가
용기를 내지만 쉽지 않네
고백의 날을 기다리며
그 얼마나 오랜 시간이 흘렀을까?
그녀를 잊지 못해 그리움에 휩싸이는
긴 밤이 고독하네
깊은 생각을 저버릴 수 없고
무한정 휘감아 도는 사랑의 두 글자가
수많은 별처럼 반짝이네
지금 이대로 달려가 하고 싶은 말
한 생애 다하기 전에
우리 이제 사랑할래요.
지금 바로 박차고 나가는 만남의 말

이 세상 떠나기 전에
나의 곁에 늘 머물러요.

## 그대의 여인상

고요한 숲 자락에 산새들도 잠들고
적막한 밤하늘 따라 달빛 흐름이
그대 창가를 비추네
그 얼마나 오랜 시간을 짙은
그리움 속에 떠올리는 여인상인가?
아직도 끝나지 않은
만남을 위한 기다림!
젊은 날의 사랑을 찾아
생애의 인연을 찾아
하염없이 헤매는 그대의 발길
사랑이란! 아름답게 다가갈 수 있는 것
사랑이란! 행복하게 다가올 수 있는 것
둘이서 들어서는 길로 걸어가는 마음
정녕! 변하지 않는 진실 하나로
서로를 볼 수 있네
빈 들판에 꽃을 피우듯 화들짝 피우는
어느 한 여인을 향한 운명적인 사랑을
이루는 날 위해 살아가네.

## 영혼 속에 비추는 사랑

아련히 스치는 작은 미소가
커다란 위안이 되고
긴 미로 따라 헤매는 내게
그대의 맑은 영혼이
순수하게 타올라
사랑의 불꽃을 피우네
갑작스레 떠오른 기억이
깊은 곳에서 솟아나는
샘물이 되어 눈물의
상처를 씻겨 주고
참선한 눈빛이 어두운 밤을
투명하게 비추네
고요한 적막이 흐르는
창가에 물드는 그리움
희미하게 보일 듯한
그대의 영혼을
살아서 만나는 약속을
깨 버리지 못하네

따듯한 숨결 느끼며 걷는
나의 발길이 머무는
카페에서 들려오는
사랑의 노래가
진한 커피 향에 젖어 드네.

단 하나의 그대를
사랑하는 이유가 되어
지울 수 없는 영혼이여!
다시 한번 이루기 위한
애절한 갈망을
끄집어내는 시간이여!
한 생애 다하는 날까지
그대를 사랑하리라
이 세상 끝나는 날까지
그대를 지켜 주리라
생애의 마지막 순간에서
영원 속으로 스미어들리라.

## 사랑 연가

너무나도 그리워서 잊을 수 없고
너무나도 사랑하여서 헤어질 수 없는데
왜! 그리 멀어지나요
그 언제나 가까운 만남을 기다리는
나를 생각해 본 적이 있나요
무언가 아쉬운 듯 스치는 거리에서
바람결에 휘날려 버릴 수 없는
그대의 모습이 아련히 떠올라요
다시 돌아오는 시간 속을 거닐며
사랑의 미소를 간직하고 싶어요
충분한 인연이 닿는 곳에서
다정하게 속삭이는 마음의 소리가 들려오고
정녕! 떠나지 못함이 눈앞에 아른거려요
그리움과 기다림이 끝날 무렵!
이루는 사랑을 끌어안을 수 있어요
아픔도 슬픔도 다 씻겨 버리고
행복이 넘치는 둘만의 공간을 만들어요.

# 단 사랑

마음의 정원을 가꾸고
사랑의 꽃을 피우고
계절의 풍경을 그리는
만남의 거리에서
우리로 남을 때 연인들이 된다
너를 향한 어두운 밤도
아름답게 타오르는
촛불이 되어 그리움 속에 잠긴다
보고 싶은 날이 길어지고
다정한 속삭임이 잠 못 이루도록
그칠 줄 모른다
너의 나 나의 너로 하여
단 하나 된 사랑이
햇살처럼 밝게 빛나는
아침에 꽃 한 송이 선사한다.
그 언제나 떠날 수 없는 곳에서!

# 이성 느낌

햇볕 따스한 봄날에
그녀와 손잡고 길을 걷는데
내 몸속에 향긋함이 피어올랐어
갑작스레 밝아지는 얼굴 사이로
예상치 못한 느낌이
나를 놓아주지 않았어
한적한 곳에 들어설 무렵!
빨간 장미꽃처럼
진한 키스로 끌어안는
심장이 뜨겁게 타올랐어
말로다 표현이 안 되는
야릇한 순간이 길어지기를 원했어
마음의 이성을 이루는 사랑
서로를 바라보는 눈동자
한시도 떨어지고 싶지 않아서
어느새 만든 둘만의 공간을 무너트릴 수 없어
나의 그녀를 잊지 못해서

기나긴 행복을 간직하며 살기로 했어.
혼자서 느낄 수 없는 이성적인 사랑이니까

## 영원한 사랑

나 그대를 사랑하는 마음이 맑은 물이 되어
하염없이 샘솟는 기쁨과 행복이 떠나지 않으리
축복된 만남의 시간을 무심히 흘려보낼 수 없는
소중한 기억들이 서로를 지키는 의미로 남으리
다정하게 바라보는 진실의 눈빛이 하나 됨을
약속하고 뜨거운 열망이 차가워질 수 없으리
우리를 위한 공간을
아름답게 그릴수록 넓어지고
잠시 헤어져도 돌아오는 길은
언제나 열려 있으리.

마지막에서 영원을 향한
사랑이 끝없이 솟구쳐 올라
정녕! 변할 수 없음을 다시 한번 깨우치리
깊은 곳에 스며든 영혼의 사랑이 어둠을 밝히는
빛이 되어 멀어질 수 없음을 매 순간 되새기리.

## 외면할 수 없는 사랑

바람처럼 스치는 너의 손길로 이끌어 주는
사랑의 길이 화들짝 열리고 아픔의 위로를
아끼지 않는 따뜻한 마음이 아름답네
표정 없는 시선이 밝아진 영혼이 되어
인생의 시간이 바뀌는 만남에서
벗어나지 못하네
사랑의 의미가 깊어질수록 뇌리에서
떠나지 않는 너를 굳게 붙들고
온 마음 다하여 기쁨에 찬 눈빛을
넌지시 띄우네
뒤돌아설 수 없는 발길이 멈추고
사랑의 노래가 들려오는 카페에서
너의 향긋함을 느끼네
잠시라도 떨어지고 싶지 않아서
밤새도록 속삭이는 다정함이
별들처럼 반짝이네.

## 시 속에 그려진 사랑

따스한 봄 햇살 사이로 꽃들이 피어나고
향기로운 사랑이 담긴 시집을 펴네
아름답게 그려진 편 수마다 시로 말하는
깊은 의미가 눈을 확 뜨이게 하네
공원 벤치에 앉은 연인들의 풍경!
정다운 모습이 실바람처럼 살랑거리네
시 속에 적어 놓은 사랑이 어디론가 떠나는
여행처럼 가슴 벅차오름이 솟구치네
서로의 어울림을 보고 둘의 하나로 만들고
하여 이루는 사랑을 고스란히 간직하네
어느새 맞닿은 손길을 놓지 않고
같은 모습 되어 걷는
우리란! 이름을 가슴에 새기네
시집을 덮고 난 후 사랑 찾아 헤매던 발길이
멈추어 선 거리에서 다음 약속을 기다리네.

## 사랑의 기도

가련하고 귀한 영혼이여!
한 아름의 사랑을
피울 수 있을 때까지
지켜봐 주소서.
가슴 깊이 베인
상처를 씻겨 주고
아픔을 딛고 일어서는
강인함을 불어넣어 주소서.
내 곁에 머무는
선한 영혼이여!
사랑의 꽃을
따스한 품에 안겨 주고
시들지 않도록
샘물을 부어 주소서.
단 한 번의 인생을 위하여!
그대와 함께 아름답게
사는 법을 가르쳐 주소서.
온 세상 가득히 번지는

사랑의 향기가

사라질 수 없도록

날마다 심어 주소서.

서로의 약속을

저버리지 않고

잊지 못할 추억을

간직하는 시간에 머물러 주소서.

한량없는 사랑을 베풀어 주사

행복한 미소를 건네주고

그대를 만나서

어디로 가는지 알려 주소서.

사랑의 영혼이여! 감사하나이다.

## 사랑이여! 오라

풀 한 포기 나지 않는
메마른 초원에
달빛이 서러워
밤마다 울고 있다.
잎사귀가 열리지 않는
나무 한 그루가
텅 빈 들판에서
매서운 추위에 떨고 있다.
갑작스럽게 떠오른 풍경 속에서
아무도 없는 외로운 나그네
어디로 가나!
누구를 기다리며
무엇을 찾아가나!
아무런 의미 없이
흘러간 나날들,
의지력이 약하다는
이유만으로 기댈 곳을 찾는가?
무심히 스치던 인연들도

바람이 되어 멀리 떠났고
잠시 머물던 자리도
아침 이슬이 되어 사라져 버렸다.
이별의 쓰린 가슴으로
외치는 한마디 사랑이여! 오라
두 번 다시 나를
그리고 너를 떠나지 마라.

## 피아노 위의 사랑

피아노 건반 위에
사랑의 물줄기가 흘러요
리듬을 타는 소리에
귀 기울여 보아요
고요한 밤의 감미로움이
달빛 창가에 머물러요
손가락 마디마다
가슴을 어루만지고
슬픈 노래를 부르지 않는
사랑이 아름다워요
그대의 숨결이 느껴지는
심장이 강하게 뛰고
연주하는 모습이
산뜻한 무대를 만들어요
음악이 다 끝나고 자리에서
떠나지 않는 한 사람
장미꽃 한 다발 선사하며
사랑의 미소를 지어요

어색한 듯 받지만 강렬한

눈빛이 시선을 끌어요

그 이후의 연주곡은

사랑을 위한

만남을 들려주어요.

## 내 마음의 여인

구름 따라 흘러가는 남모를 그리움이여!
바람결에 스쳐 가는 매력적인 여인이여!
애처로운 마음속에 담고 살아가는 세월
짝을 찾는 외기러기가 되어 헤매는 사랑을
어디서 만날 수 있나요
외로움에 지친 힘겨운 마음을
어느 누가 헤아려 주나요
내 품에 안길 수 없는 여인이라면
차라리 지워 버려야 하나요
이토록 넓은 세상
인연이 닿지 않는다면
먼발치에서 바라봐야 하나요
꿈에서 깨어나 새벽이 오면
안개 속으로 사라지는 여인의 모습을
붙잡는 내 마음을 아나요
세상 밖에서 꺼내 드는
사랑이 다가 아니겠지요
내 마음속을 파고드는

여인이 너무나 보고 싶어서
마주 볼 날을 손꼽아 기다려요
사랑한다는 말
긴 그리움이 끝난 후에
말해 주고 싶어요
우린 늘 가까운
연인 사이가 되는 그날로
한 걸음씩 다가갈 수 있어요.
내 마음의 여인이여!

## 은밀한 사랑


있잖아요. 비밀이래요.
무언지 나도 잘 몰라요.
밝히기가 싫은가 봐요.
죄지은 것도 아닌데 말이죠.
남몰래 만나서
축배를 즐기는 두 사람
로맨틱한 사랑을 나누며
행복에 찬 모습을 잊지 않네요.
고요한 밤에 음악에 젖고
보라색 불빛을 비추는 얼굴들,
와인을 마시고 블루스를 추며
진한 키스를 하네요.
둘이서 감춘 사랑을
아무도 앗아 가지 못해요.
아름다움을 남기는 흔적들이
보석처럼 빛나고
무드에 취하는
밤이 깊어 갈수록

그대들의 사랑이

드러나기를 기다려요.

보이지 않기 때문에

질투도 못 하고

은밀하기 때문에

깨트릴 수도 없어요.

밤새도록 끝나지 않는

신비한 탄생을 위한 사랑이

구름 한 점 없는

맑은 날로 기억될 수 있어요.

## 사랑이란! 이유로
〈원제: 순수한 사랑〉

누군가를 마음에 둔다는 건
무엇을 의미하나요
말 못 할 답답함이
풀리지 않기 때문인가요
언제든지 보고 싶은 사람이 있어요
어디서나 생각나는 사람이 있어요
비워진 공간을 한가득 채움으로
단 하루도 잊을 수가 없어요
시간이 흐를수록
바다보다 넓어지는
사랑과 그리움 속에서
헤어 나오지 못해요
순수하게 다가갈 수 있다면
그 얼마나 좋을까요?
햇볕처럼 따사로이
감싸 주는 모습이 되어
그 사람 곁에서
떠나고 싶지 않아요

다시 돌아온다면
이별의 아픔이 사라지고
맨 처음 느낀 사랑으로
마주 볼 수 있어요
어색하지 않은 우리 사이가 되어
행복이 넘치는 내일을 기약하고
하나 된 길로 함께 걸어요.

## 위대한 사랑 1

사랑하는 님이시여!
그대의 마음속에
등불을 밝혀 주리라
아름다운 님이시여!
그대의 빈자리를
넘치도록 채워 주리라
사랑의 등불이 찬란히 타올라
영롱한 빛으로 남을 때
우리 서로
기쁜 마음을 안으리라
해맑은 하늘 아래의
축복된 만남 속에서
진정 변하지 않는
사랑을 간직하며
둘의 진실을 하나로 모아
이 한세상 살아가리라
그대가 아플 때마다
포근히 감싸 주고

그대가 지치고 쓰러지면

두 손을 붙잡고

일으켜 주리라

님이시여! 꺼져 가는

등불을 다시 피워 올려서

그대를 매일같이 비추어 주리라

사랑이여! 기나긴 그리움 속에

돌아서는 이별은 없으리라

참으로 위대한 우리의 사랑

거친 폭풍이 몰아치고

비바람이 불어와도

사랑으로 헤쳐 가리라

어떠한 고난과 시련이

닥쳐올지라도

사랑으로 이겨 내리라

무엇과도 바꿀 수 없는

그대와 나의 아름다운

사랑 하나로

이 한세상 함께하리라.

## 깊은 늪의 사랑

깊은 늪에 빠져들수록
뜨겁게 타오르는 사랑이여!
그대의 숨결 느끼는
부드러운 속삭임이
귓가에 맴돌고
마음이 편안하네
열정이 식지 않고
잊혀질 수 없는 그대를
고스란히 채우는 빈자리!
매 순간 헤어 나오지
못하는 사랑을
온 마음속에 받아들이는
시간을 건널 수 없네
깊은 고백을
끄집어내는 퍼 올림이
사랑의 빛깔 따라 걸어가네
멈출 수 없는 나의 마음

그대를 놓지 않는 사랑
우린 이미 빠져들었네.

## 사랑의 님아

이루어지는 우리의
사랑을 생각하면
님을 향한 가슴이 벅차올라요
창가에 비추는 불빛들,
아름답게 드리우는 밤이
쓸쓸하지 않아요
시들다 피운 꽃처럼
활짝 핀 님의 얼굴
행복한 표정이 문득 떠올라요
보고픈 님아, 사랑의 님아,
나를 감싸 주는 손길이 닿기를
기다리고 있어요
가진 것 다 주어도
아깝지 않은 사랑이여!
한 지붕 아래에 둘이서
살아갈 날이 매일
다가오고 있어요.

## 너에게 보내는 메시지

돌아와 줘 내 곁으로
너 없는 세상 살아갈 수 없어
나의 운명이니까
긴 시간이 흘러도
너를 향한 사랑
그대로 간직할 거야
지난 이별 다 잊고
기다리는 내 마음을
헤아려 줄 수 없겠니!
한 번만 더 돌아와 줘
너 아니면 안 됨을 알고 있잖니!
다시는 변하지 않는
나의 모습 보여 주며
늘 따듯한 보금자리 마련할 거야
오늘도 문을 열어 놓고
너를 기다리는
나의 사랑은 끝이 없을 거야.

## 사랑의 계절

매서운 들판에 따사로운
봄 햇살이 내려앉고
진달래꽃 유채꽃이 만발하여
사랑의 향기를 흠뻑 날려 주네
아름다움이 풍요로운 계절 속에
꽃 한 아름 안겨 주는 연인들,
살랑거리는 바람 사이로
나비들도 힘찬 날갯짓을 펼치네
꽃길을 만들고 사랑을 피우는
봄의 어우러짐!
산뜻함이 무르익고
화사한 풍경이 시들어 버리지 않네
연인들의 사랑을 심어 놓은 꽃밭에
추억의 계절이 피어오르네
봄이 다 가기 전에
다짐하는 아름다운 사랑아,
이대로 둘이서 걷는 길이
멀리 보이네.

## 무제한 사랑

가진 것이 넉넉하지 않아도
애인이 생기지 않아도
모두에게 필요한 사랑을
뿌리치지 못하네
외로움을 달래고
작은 마음을 열고
바라보는 눈동자
머릿속에 맴도는
이야기의 끝은 없네
아침햇살부터 저녁노을까지
하루 동안의 사랑을 보고
진실로 쓰는 연애편지를
적막한 밤하늘에 띄우네
한없는 기다림 속에
다가오고 지나가는
수많은 인연이 닿는
연결선을 끊지 못하는
마음의 기억들,

뇌리에 스치는 모습이
그대로 남아 있네
사랑이라 말하는 것은?
진정 변하지 않는 것이네
이토록 넓은 세상
모두에게 주어진
무제한 사랑 속으로
행복한 여행을 떠나네.

## 애타는 기다림

다 같은 하늘 아래서
가까운 듯 멀어진 마음 때문일까?
아무리 기다려도 오지 않는 너!
시간이 얼마나 더 흘러야만
오래도록 애타는 나를 알까?
그리움 가득히 비운 공간에 채우고
아직 다 하지 못한 사랑을 쌓아 두네
단 하루도 너를 잊은 날이 없고
만남의 자리를 벗어나지 않았네
내 곁에 다시 온다면
보내 버리지 않은
나를 알 수 있을 것이네
기다림의 끝자락에서
붙잡아 두고 지내 온
내 마음을 끄집어내 주고 싶네.

## 한밤의 데이트

깊어 가는 이 밤에 달빛 따라
다정히 걸어요
잠 못 이루는 밤에
우리의 사랑을 살며시 속삭여요
어두운 거리에
오고 가는 사람 없어도
가로등 불빛이 줄지어
비치고 있어요
아무도 막을 수 없는 사랑
하나 된 의미를 마음에 새기며
내일을 약속해요
무심히 지나칠 수 없는 이야기들,
서로가 밝히는 이 밤에
빛의 소리 들음이 아름다워요
청춘 드라마를 만드는 젊은 연인들의 데이트
즐거움 가득히 멋진 밤이 아닐 수 없어요
꿈속에서도 만나는 마음의 길이 열린
우리의 사랑이 환상을 타고 아침을 깨워요.

## 오랜 날의 사랑

많은 것을 바라지 않아요
지금의 약속을
오래도록 지켜 주면 되어요
어차피 가 버린 사랑은
돌아올 수 없기에
이별의 흔적도 지워 버려요
서로 믿는 마음속에
다짐한 사랑이 고스란히 남아
기다랗게 이어질 수 있어요
따스한 체온을 느끼는 순간마다
편안함이 물씬 풍겨요
단 한시도 비울 수 없는
우리의 사랑
매일 같이 담고 사는
나만의 그대여!
함께하는 시간을
소중히 간직하며
한 번 맺은 인연을 잊지 말아요

알다가도 모름을 더 알 수 있는
우리의 마음이
언제나 가까운 곳에 머물게 해요
보름달처럼 환한 얼굴이
어디든 그려지고
우러나오는 고백이 진실로 보여요.
아주 오랜 날의 사랑이여!

## 해맑은 눈동자

여인의 눈동자가 호수처럼 아름다워요
여인의 눈동자가 햇살처럼 따사로워요
해맑은 표정이 나를 사로잡고
사랑의 손길을 놓아주지 않아요
마주 보는 눈빛이 강렬하고
뜨거움이 타올라요
사랑을 비추고 갈등을 허물고
이별을 멀리하는 날이 갈수록 길어져요
어둠이 몰아치고 잔뜩 흐려도
포근히 감싸는 눈빛을
그 누구도 가릴 수 없어요
내 가슴에 고이 간직하는 여인이여!
아침보다 더 맑아짐이 늘 보여요.

## 사랑의 길로

사랑하는 사람이 있다는 것은?
참으로 행복한 삶이 아닐 수 없네
서로를 위함이 날로 좋아지고
함께 걷는 길에 향긋함이 묻어나네
비바람이 불어오고 눈보라가 몰아쳐도
한 발짝 더 나아가는 해맑은 사랑의 길이
아득히 열려 있음을 보네
세상 속의 그대와 나
서로 심어 둔 사랑을 꺼내 들며
남부럽지 않음을 말하네.

손잡음을 놓치지 말고 둘이서 가는 거야
언제나 다정스러움을 잊지 않고
인생 행로를 향해 하염없이 가는 거야.

## 행복하세요
〈원제: 정혼 시즌〉

긴 겨울이 지나고 꽃이 피고
새가 우는 봄날이 찾아와
사랑하는 연인들이
정혼식을 올려요
아름답고 예쁜 그대 생애의
여인이 하얀 드레스를 입고
입가엔 미소가 가득해요
멋지고 잘생긴 그대는
푸른 양복을 입고 기쁨이 가득한
밝은 표정을 감추지 못해요
모든 사람의 축복 속에
정혼하는 두 사람
날마다 가정에 사랑과 행복이
황금빛 들판처럼 풍요롭고
서로 아껴 주기를 소망해요
두 번째 인생을 살면서
언제나 함께 걷고
사랑의 길을 한 걸음

더 활짝 열어 가요
잡은 두 손을 놓지 말고
둘만의 보금자리를
아름답게 지키며
2세를 위한 인생을
살아가요.

## 사랑하나 봐

밝은 미소를 살짝 띠우는 여인아
아침 햇살에 피어난 화사한 꽃을
이슬로 담는 여인아
견딜 수 없는 외로움을 몰아내 주고
시선을 잡아끄는 두 눈이 초롱거리네
나의 마음을 앗아 가고 끌림이 더할수록
하나로 이어 놓은 맥을 끊을 수 없나 봐
사랑의 진실로 하여 답변이 필요치 않나 봐
아름답게 번지는 여인의 향기를
쉽사리 흘려보내지 못하나 봐
나의 비운 공간을 넓게 그리는
여인을 사랑하나 봐
언제나 그래 왔듯이!

## 내 가슴의 그대여

고운 빛깔을 품어 내는 봄의 풍경!
향긋한 그대를 심은 내 가슴
한 송이 꽃잎을 피운
예쁜 모습이 눈앞에 아른거리네
누군지 모를 이유로
한 폭의 영상을 그리는 온 누리!
인연의 줄을 끊지 못해서
기다림을 멈추지 않네
사랑의 봄날을 걷는 거리에
보일 듯한 내 가슴의 그대여!
너무나 보고 싶은 기억 속을
거니는 지울 수 없는 그대여!
그리움에 지쳐 버린
나에게 오지 않으면 단숨에 달려가리라.

## 어느 한 여인을 위한 시

가엾은 여인이여!
아픈 곳을 어루만지는 나의 손길이여!
따스한 가슴 품으며 치유하고 싶어요
고개 들어 나를 보아요
밝은 웃음을 잔뜩 그리잖아요
슬픔일랑 저 강물에 띄워 버려요
살아 낸 세월을 묻어 버리고 나와 함께
새로운 미래를 열어요
참선하고 예쁜 내 사랑
날마다 너그러운 아침을 맞이해요
고요히 떠올리는 여인의 미소
어느새 그늘이 사라지네요
아픔이 아닌 기쁨으로 나에게 다가와요
나 당신을 위해 비워 놓을게요
맑고도 순수한 영혼이여!
다시 한번 살아야 할 우리네 인생이여!
아름다운 세상을 꿈꾸며
사랑 하나로 살아가요

행복 찾아 떠나는 우리!
나 당신을 진정 사랑하고 있어요.

## 사랑 노트

빈 노트에 쓰는 두 글자
내 안에 감춘 것을 채우기가 버겁네
타인의 이야기조차 쓰고 싶지 않은
마음은 미워서가 아니네
단지 혼자란! 이유로
받는 것과 주는 것이
충분하지 않기 때문이네
한 사람을 놓치지 않는 한마디가
막바지에 치달으면
입 밖으로 나와 버리네
그 속에 갇히어
좌지우지하는 인생인가?
혼자서는 감당하기 쉽지 않아서
둘이서 이루는 것이네
노트 장에 남기는 긴 여운이
살아 숨 쉬는 영혼의
빛을 찾는 끝없는 고독 속의
그대를 사랑하네

생각의 방향을 바로 잡는 법을 익히는

노트 장의 수많은 이야기를 덮지 못하네.

## 사랑의 생애여!

높음과 낮음

깊음과 얕음

넓음과 작음

오름과 내림

비움과 채움

마음의 차이를 보라.

소중한 인연

사랑과 행복

기쁨의 눈물

아픔과 슬픔

탄생의 신비

그대의 아름다움을 보라.

오색찬란한 꽃들/스며드는 해맑음

푸른 사랑을 펼치는 둘만의 초원

나무의 집을 지어 놓고 사는 생애여!

달과 별이 내려앉는 어두운 밤

타오르는 촛불 사이로 보이는 얼굴
뜨거운 열정이 식지 않는 속삭임
정다운 눈길로 바라보는 거울의 의미!
천사를 닮은 선함이 그치지 않는 모습
거뜬히 헤쳐 가는 사랑의 생애가
매일같이 솟구치리라.

## 만남을 위한 사랑

너무나도 보고 싶어서 잠 못 이루고
너무나도 그리워서 견딜 수가 없어요
한 사람을 향한
마음을 가득히 채우면
머리가 터져 버릴 것 같아요
보고파서 그리운 것일까?
그리워서 보고픈 것일까?
엇갈리는 두 가지 때문에
날마다 헤매고 있어요
내가 어디에 있든 어딜 가든
그대가 내 곁에 함께 있는 것 같아요
남몰래 떠올리는 보고픈 마음과
하늘보다 더 넓어지는
그리움을 뿌리치고
살아갈 자신이 없어요
나를 어찌하면 좋은가요?
그대여! 대답해 주세요
만남을 위한 사랑이

얼마 남지 않은 듯해요
보고파요, 그리워요,
내 곁으로 달려와 주세요
기다림에 지쳐 쓰러질 것 같아요
내 생애 다하는 날까지!
그대만을 사랑해요
안 오시면 내가 달려갈게요.

## 사랑의 축복

너가 나를 아는가?
내가 너를 아는가?
서로 모르는 사이에서
우리는 만났지
이 세상을 살면서 우연히 찾아온
사랑이 시작되어
너를 생각하고 섬기는 마음이
어디 가서 무슨 일을 하든지
머릿속에서 떠나지 않네
사랑이란! 떨어져 있어도
서로 일치하는 것일까?
이 넓은 세상에
너와 나의 시간 속에
둘이서 이루는 단 하나의
사랑은 꿈이 아니네
매 순간 미치도록 보고 싶고
그리움이 물드는 온 마음
슬픔도 기쁨도 함께 나누며

가야 할 머나먼 인생의 길!
마음 다 열고 애정을 꽃피우는
우리의 아름다움이
시들지 않도록
그 언제나 신선함을 들려주네
긴 세월이 흘러도 축복받은
사랑을 강하게 붙잡고
살아가는 너와 나의
다짐을 잊지 않네.

## 하얀 밤

창문 열고 밖을 봐요
까만 밤이 하얗게 밝아지고 있어요
온 세상이 제철을 만난 듯 이색적인
풍경이 새하얀 그림을 그려요
눈 내리는 겨울밤이 산뜻하고 행복에 찬
미소가 넘쳐흘러요
눈길을 함께 걸으며 그대의 숨결 느끼던
그날을 잊지 않았어요
내일이 오면 그대에게 눈꽃 사랑을
포근히 안겨 주고 싶어요
하얀 눈이 쌓이는 밤
때 묻지 않은 우리 사랑이 녹지 않도록
두 손 모아 소망해요.
그 언제나

## 너를 향한 마음 1

지금 너에게 간다면
나를 받아 줄 수 있겠니!
도대체 왜 이럴까?
너를 사랑하는 마음이 간절한가 봐
보고픈 너의 모습이 자꾸만 떠올라
긴 그리움이 물결처럼 밀려오네
떠날 수 없음이 사랑이라면
너에게 달려가 진실로 고백할 거야
내 마음에 너를 가득 담은 이상
너의 연인이 되어 아름답고
멋진 사랑을 간직할 거야
조금만 기다려 너에게 달려갈 거야
잠시만 기다려 너의 품에 안길 거야
나의 모든 것 다 주어도 아깝지 않은
너를 떠나지 않을 거야.

## 아주 오랫동안

서로 어울려 살면서
그 얼마나 많은 말을 할까?
어렵고도 쉽게 내뱉는
사랑의 한마디!
아주 오래전부터 들려오는
말이 아닐 수 없네
마음을 헤아리고 상처를 보듬고
선과 악 모두가
지금까지 써먹는 사랑을
비유로 듣고 보는 것이 아닐까?
참으로 긴 날의 약속을
깨트리지 못하는
하나의 의미로
거울삼아 비추는 것일까?
만남과 헤어짐 속에
늘 존재해 온 사랑이
아름답지 않다면 무심히
지나치는 바람에 불과하네

누가 바닥에 떨어진
꽃잎을 짓밟았는가?
사랑이란! 다시
피울 수 있음을 아는가?
그대의 님을 그리며 사는
마음이 더함은
아주 오랜 날 동안
사랑이 떠나지 않기 때문이네.

## 시와 음악의 밤

달빛이 창가에 머무는 밤에
촛불을 밝히고
그 언제나 잊지 않는
그대에게 시를 선사하네
클래식의 리듬에 맞추어
낭송하는 나의 모습
기쁨의 미소로
사랑의 축복을 들려주네
그대를 향한 온 마음이
뼈저리도록 사무치고
우리 함께 있음이
내일의 행복을 말해 주네
시와 음악의 자리를
밤새도록 비우지 않고
새하얗게 피어난 사랑이
문밖으로 나가지 못하네
낭송이 끝난 후
두 손을 마주 잡고

우리의 추억 속에 남아

먼 날까지 기억하기를 소망하네.

## 사랑에 빠진 나

나 그대를 만나 사랑하고 싶지만
뿌리칠까 봐 다가갈 수 없네
자꾸만 멀어지는 마음을 어떻게 잡을까?
그저 바라보며 망설임만 길어지네
눈에 보이는 사랑하는 연인들은
잘해 가는데 나는 왜 이리! 안 될까?
사랑에 빠지면 약도 없고 병들음만
더하는데 어찌하면 좋을까?
뇌리를 스치는 그대여!
깊은 사랑에 빠져
헤어 나올 수 없는 나를 아나요
이젠 말하고 싶어/고백하고 싶어
향기로운 꽃 한 다발 들고 다가서네
반겨 주는 그대 황홀한 나의 마음
우리의 사랑에 머무르며 긴 날을 기약하네.

## 가리지 마

속으로의 진실이 보이지 않는 너
숨겨 둔 비밀이 의아스러운 너
할 말을 다 하고 돌아서도
믿을 수 없는 너
겉으로만 사랑하는 척인 너
만날 때마다 매번 바뀌는 너
각본을 미리 만들어 놓은 연극인가?
실망을 금하지 못하는 나의 씁쓸한 표정!
이것저것 다 가리면 남는 것은
이별의 시간뿐이고
너를 향한 느낌이 달아나 버리면
새까맣게 지워 버리고 싶네
사랑하는 연인들이 아니면
멀어질 수밖에 없고
장난치기도 헛된 욕망도 아닌
사랑의 진실로 서로를 위함이 필요하네
너의 본모습으로 돌아와라
아무것도 가리지 마

다 부질없으니까

아직도 너를 사랑하네.

## 싱글 탈출

기나긴 외로움에 지쳐 버리고
깊다란 고독 속에서
헤어 나오지 못한다
마음을 열지 못해
답답함만 더하여
미친 듯이 혼자 웃는다
세상 밖에 나갔다가
돌아오는 제자리에
아무도 없음이 허전하다
겉으로 화려한 모습
속으로 초라한 느낌
싱글이여! 바로 지금
사랑에 도전하라
수많은 인파 속에서
천사의 여인을 만나라
지난 일 다 접어 두고
외로움에 갇힌 곳에서 탈출하라
이제는 혼자가 아닌

둘이서 사는 방법을 찾아라
싱글이여! 아주 멀리 가 버리고
사랑이여! 오라.

## 시 속의 사랑

그토록 오랜 세월을 홀로 남아
시 속에 길들여 살아온 인생이여!
사랑 찾아 헤매는
길가에 외로운 가로등
불빛 따라 걷는 침묵의 밤이
뜨겁게 타오를수록
식히지 못하는 시의 열망을
무심히 흘려보내지 않는다
사랑의 향기를 피우는
긴 날의 이야기들,
작품을 펼치는 곳에 간직한
깊은 의미를 널리 띄운다
이룰 수 있음이 추억 속에 머물고
그리운 님을 아무 말 없이 기다린다
사랑을 말하고 시를 부르는 아름다움이
풍요롭게 번지고
비운 가슴이 부풀어 오른다
아스라이 스치는 바람의

인연을 붙잡고 쓴다면
돌아오는 길은 언제나 열려 있다.

## 프러포즈

포근하고 아늑한 봄이 찾아와
삼월이 가기 전에
사랑의 여인을 만나고 싶네
조바심을 가라앉히고
마음을 굳게 먹고
용기를 내지만 말하려면
달아나 버리네
시큰둥한 표정을 짓지만
물러설 수가 없어서
나 자신을 한 번 더 끌어당기네
화사하게 피우는
봄의 풍경 속을 거닐며
예쁜 모습을 고스란히 담고 다니네
향수보다 더 진한 사랑을
나누고 싶은 마음을
숨기지 못하고 여인의
아름다움에 빠져드네
입맞춤하고 싶은 꽃이여!

사랑의 여인을

놓치지 않도록 피어 다오.

## 사랑하는 님이여

한 맺히고 서러운 가슴 깊은 곳에
님을 담고 살아온 세월 속에 쓰리도록
아픈 시를 저버리지 못한다
혼의 불꽃이 어두운 고독을 밝히고
안개처럼 희미한 추억이 아련히 떠오른다
긴 그리움에 휘말린 시간을 자연스레
흘려보내지 못하여 기억이 멈추어 버린
그날로 머무른다
비바람이 몰아치는 거친 광야를 헤쳐 가는
나의 슬픔을 바람에 날려 버리고
먼 날로 본 미래의 작품을 열어 간다.

사랑하는 님이여!
잊지 못할 님이여!
너무나도 멀리 가 버린 후
다시는 볼 수 없는 곳에 계시나요
오랜 기다림 속에 돌아오지 못하여
시를 드리나이다.

## 꽃 피는 계절

따사로운 봄날에
화들짝 피우는 꽃잎이여!
꽃망울 터트리는 봄날에
빈 들판에 피우는 꽃잎이여!
온 세상이 아름다워 보이네
꽃 피는 계절 속의 연인들,
다정히 손잡고 꽃길 따라 걸으며
사랑의 마음을 화사하게 나누네
시들지 않는 꽃 피는 계절이여!
봄날에 심는 우리들의 사랑이여!
언제나 피움이 영원하기를 기원하네.

## 맨 처음의 사랑

그녀를 사랑하여

마음을 꺼내 들지만

쉽사리 받아 주지 않고

돌아가라 하네

긴 그리움에 지치고

보고 싶음을 견디지 못하고

쓰러져 버리는 나약함을

한 번 더 일으켜 세우네

아무리 기다려도 오지 않는

만남의 시간이 멀어지고

그녀를 지울수록

마음속에서 떠나지 않네

사랑의 방법이 잘못됨이라면

맨 처음부터 다시 시작하고 싶네

물러설 수 없는 나

그녀를 위한 사랑

행복한 표정을 되찾고

온 마음 다하여

그녀를 놓치지 않는
자리를 마련하네
사랑의 잔을 마시고
힘든 기억을 잊고
한마디의 다짐을
더 깊이 되새기네
돌아온 그녀를 포근히 감싸며
헤어질 수 없는
내일을 기약하네.

## 그대는 무엇을 사랑하는가?

숱하게 널려 있는 세상 속의 사랑을
어떤 의미로 보고
어떤 마음으로 받아들이는가?
멀고도 가까운 사람들,
서로가 모른 채 각자 흩어져 버리네
바람 되어 사라짐을 붙잡지 못하면
허무하기 이를 데 없네
그대는 무엇을 사랑하며 사는가?
누군가의 만남을 기다리는가?
오고 가는 발길들,
닿을 듯 말 듯 아쉬움만 남는 거리에
그대의 연인은 누구인가?
단번에 붙잡고 놓치지 않는 님이여!
사랑의 날을 소중히 간직하며
행복이 어우르는 미소를 주고받는 두 사람
언제나 함께하는 모습이
아름답게 기억되는 순간마다 미움을 지우네.

## 아름다운 당신에게

당신은 무슨 색을 좋아하나요
당신은 무슨 그림을 좋아하나요
당신은 어느 계절을 좋아하나요
당신은 무슨 꽃을 좋아하나요
당신은 어떤 책을 주로 읽나요
당신은 무슨 시를 좋아하나요
당신은 어떤 음악을 듣고 있나요
당신은 무슨 종교를 믿고 사나요
당신의 마음이 어떠한가요
당신의 인생관은 무엇인가요

당신의 모든 것 하나로 모아
마음에 담아 보면
진정 아름다운 사람이 되지 않을까요?
내 사랑 여인의 미는
얼굴이 아닌 마음에 있어요
그 언제나 내 곁에 머물러 주세요.

## 사랑의 메시지

하고픈 말이 많다는 건
그대를 사랑하기 때문이지요
오고 가는 시간 속의
기억에 남는다면 끝이 없겠지요
누구나 사랑 앞에 다가서면
잔잔한 물결처럼 마음이 가라앉지요
정열 속의 타오름을
하나로 묶는 연인들,
서로를 위함이 생명보다 귀한 사랑이 되어
찬란한 빛을 따라 한 마음 더 나아가지요
잊을 수 없음이 멈추지 않고 진실로 이루는
영원을 향한 다짐을 놓아 버릴 수 없어요
냇물이 강으로 바다로 흘러가듯이
연이은 사랑의 흐름이 막히지 않아요
아름답게 속삭이는 그대를 품에 안고
살아간다면 더함이 필요하지 않은 이유로
우리의 사랑을 위한 축배를 더 높이 들어요.

## 단 하루를 위한 사랑

단 하루를 살기 위해 눈을 뜨는 이른 아침
해맑은 날의 미소가 창가로 스며드네
둘만의 공간을 가득히 채우는 사랑과 행복
다정한 속삭임이 귓가에 맴도네
무한정 사랑이 날이 갈수록 깊어 가고
샘솟는 맑은 마음이 늘 살아 숨 쉬네
단 하루의 사랑을 뿌리치지 않는
시간 속에 내일로 가는
우리의 모습을 아무도 막지 못하네
오늘의 하루를 충분히 건너뛰는
아름다운 약속을 굳건히 지키는
마음이 기쁨에 넘치네.

## 지금 어디에!

어두운 밤 열두 시가 넘은
깊은 새벽에 잠이 오지 않아서
창가에 서 있는 이유를 아무도 몰라
쌓인 눈이 그치고 모두 다 잠든 세상
내 기억 속에 맴도는
너를 새하얗게 그리네
할 말을 다 못 하고 헤어지던
지난날의 밤이여!
너를 향한 사랑을 끊어 버릴 수 없네
지금 어디서 사는 거니!
눈 내리는 하얀 밤을 어젯밤에 보았니!
올겨울에 처음 내린 눈일 거야
나를 한 번쯤 생각해 보았니!
보고 싶은 너를 카드에 담는 내 마음
축복 한 아름 선사하는
12월의 X-MAS가 얼마 남지 않은 거니!
돌아와 줘, 기다릴게
잊지 못할 너는 지금 어디에!

## 인연이 아닌 사랑

참으로 이상한 일도 다 있어요
사랑하는 사람과의 만남이
끌리지 않는 건 인연이 아닌가요
그만 놓아주고 헤어지면
알 수 있을까요
만나 볼수록 더 멀어지는 갈등 때문에
잘못된 사랑인가요
서로를 위한 말 한마디 받아들이지 못해서
나 그대 없는 곳으로 떠나요
지나온 길로 다시 돌아가며
안녕이란! 두 글자를 남겨요.

## 사랑의 조화

봄처럼 산뜻한 햇살처럼 밝은
사랑이 어둠을 밝힌다
파도처럼 밀려오는
바람처럼 불어오는
사랑이 다가온다
곱게 물든 꽃이 되어
예쁘도록 피어오른다
하늘도 되고 땅도 되는 사랑아
이토록 아름다운 봄날을
무심히 흘려보낼 수 없다
내 곁을 떠나지 않는 사랑아
가지 말고 멈추어라
지친 어깨를 감싸 주는 사랑아
우리의 조화를 이루어라
뜨거운 열정이 하염없이 타오른다
사랑을 떠나 살아갈 수 없음은 단 하나다.

## 만남 사랑 그리고 행복

어느 날 우연히 만난 너!
갑작스레 찾아온 사랑을
차마 뿌리칠 수 없네
외로움이 사라지고
눈앞에 보이는
행복이 나를 놓아주지 않네
또 다른 삶의 시작을
혼자가 아닌 둘이서
같은 곳을 바라보며 살아가네
끊어질 수 없는 인연이 더하고
하나로 모음을 엎질러 버리지 못하네
사랑을 붙드는 굳건한 마음속에
넘치는 기쁨이 떠날 줄 모르네
우리의 만남과 사랑을 이루고
행복을 꿈꾸는 시간이 길어지네.
언제나 그렇듯이

## 사랑하는 연인들

우리의 맑은 영혼이
고운 숨결로 살아나리니
더할 수 없는
인연으로 받아들여요
살아생전 못다 피운
사랑의 불꽃을 세상에서
가장 찬란하게 피어요
그리움에 지치고 보고 싶을 때면
웃음 짓는 표정을 비추어요
깊은 늪에 빠져드는
사랑을 나누며
행복을 바라는 우리가 되어요
사계절이 지나도
늘 한곳에 머무르며
이것저것 다 주는
사랑하는 모습을 고이 간직해요
우리의 소중한 만남 속에서
이별 없는 세상을 만들며

사랑의 축복을 넘치도록 받아요
아침 햇살처럼 밝은 사랑이
어둠을 몰아내고 있어요
영원을 노래하는 연인들이 되어
기쁨보다 아픔을 더
사랑하도록 다짐해요
우리의 이루어짐을
아무도 무너트릴 수 없어요.

## 1204

너
하나만을

이 세상
영원히
사랑하리라.

## 슬픈 사랑

희미한 안개 속에 가로등 불빛이 꺼지고
새벽길 따라 떠나는 아쉬운 사랑아
눈물 맺혀 울어도 돌아올 수 없는 남이 되어
이별의 흔적을 남긴 채 멀어지는 여인이여!
찬 이슬보다 더 차가운 마음속에
그녀를 간직하려 했지만 예상치 못한
이별 때문에 아픔만 남는 길로 돌아가네
깊은 외로움에 잠겨 버린 슬픈 사랑이여!
혼자는 정말 싫은데 무엇 때문에 떠나는가?
쓸쓸한 기억 속으로 스며든 아픔으로 인하여
서러움에 목이 타는 슬픈 사랑이여!
떠나는 너를 잡을 수 없다면
차라리 안녕이라 말하리.

## 무의미한 사랑

하루해가 저무는 저녁노을 바라보며
너를 그리던 날들이
아무 의미 없이 흘러가 버렸네
마음의 진실이 아닌 너의 사랑을
더는 믿지 않고 만남의 시간도 멈추려네
사랑의 행복이 멀어지고
나의 말을 듣지도 않고
오직 너를 위한
존재성을 받아들일 수 없네
어찌하면 좋을까?
갈림길에선 무의미함이
사랑의 끝을 향하네
어색한 이별의 길로 들어서는
모습이 슬프지 않네.

## 가을 사랑

너와 나의 가을이 무르익고

황금빛 들판에

낭만이 풍요롭게 펼쳐지고

새들이 힘찬 날갯짓을 휘날리네

바람결에 떨어지는

가로수 낙엽의 길로

너와 나 손잡고 걸어가네

사랑의 계절 속에

한 아름 들려주는 우리의 이야기!

아픔도 슬픔도 다 날려 버리고

행복에 가득 찬 마음을

더 깊은 곳에 간직하네

환상의 오케스트라가 연주하는

가을밤의 서정 곡도

사랑의 시가 되어

아름답게 기억되네

가을 벤치에 앉은

다정한 연인들,

신선한 느낌을 받는
사랑을 나누네.

## 손대지 마

시큰둥한 그녀의 표정
화났니!
손대지 말라 하게
대꾸도 하지 않는 그녀
너무나 답답해
무어라 말하기가 겁나
삐침이 얼굴에 쓰여 있어
내가 뭘 잘못했는지
말해 주지도 않아
어쩌면 좋아
왜! 이러는지 모르겠어
획 돌아설 수도 없어
삐죽거리는 입술에
뽀뽀를 해 주고 싶어
맨 처음인 양
거리감이 느껴지는 그녀를
지켜보다가 하루해가 저물었어
노을이 질 무렵!

눈물 콧물 다 빼는 그녀

몹시도 어리둥절한 나

밤이 오면 슬프다고 말하는 그녀

왜냐고 자기는

내 곁에 없을 거라고

낮에는 예뻤는데

밤이면 시들해지는

가을꽃에 불과하니까

그런 생각하지 마

너만을 사랑해 줄게

아침에 화들짝 피우면 되니까

너의 나를 포근히 안아 줄게

우리는 얼마든지

행복할 수 있어

나를 떠나지 않는

너가 있기 때문이야.

## 추리 사랑

눈앞에 아른거리는 그의 모습이
내 가슴에 느닷없이 들어와
사랑한다고 말하네
거울 속에 비친 나를 보며
누군지 모를 그 사람을 떠올리네
밤마다 잠 못 이루게 하고
나타날 듯하다가 달아나 버리네
무엇 때문에 보이지 않을까?
아무리 생각해도 알 수가 없네
별빛 내린 창밖을 보며
기다려도 오지 않는 사람아
예리한 심리전이 더하여
밤새도록 헤아리는 사람아
아침이면 볼 수 있을까?
점차 미궁 속으로 빠져드네.

## 7일간의 사랑

월수입 보장하는 사랑
화끈한 열정이 넘치는 사랑
수시로 만나서 나누는 사랑
목숨과도 같은 귀중한 사랑
금빛 찬란한 사랑
토라질 때가 더 예쁜 사랑
일출처럼 매일 떠오르는 사랑

더한 사랑은 없고
이별은 아주 멀다.

## 돌아가고 싶어요

어느 날 문득 들려오던 사랑의 노래
그대의 마음을 잡아당기는 향긋한 추억
기나긴 연줄처럼 이어지는
그날로 돌아갈 수 있다면 얼마나 좋을까?
텅 빈 창가에 그려 놓은 다정한 모습
어색하지 않은 눈빛이 반짝거리네
사랑이 떠올라서 돌아가고 싶은 마음
행복한 순간들이 고스란히 남아 있네
지울 수 없는 그대를 향한 나의 마음
잊지 못해서 돌아가는 길이 막히지 않네.
진정 변하지 않고 행복이 만발한 그곳으로

## 해맑은 날의 사랑

새하얗게 피어나는 우리의 사랑이여!
세상에서 가장 아름다운 연인이여!
어디서 무엇을 하든 잊지 못하고
짧은 순간도 소중히 여기는
우리의 마음속에 맑은 사랑을 채우네
잔뜩 흐린 날도 비가 쏟아지는 날도
해가 뜨는 아침처럼 신선한 느낌이 가득하네
영혼 속을 비추는 사랑의 빛 가운데 머물며
푸름이 펼쳐진 낙원으로 먼 여행을 떠나네
하나 됨의 약속이 변하지 않고
서로를 위함이 언제나 한결같네
어두운 그늘이 사라지고 해맑은 표정을
마주 보는 사랑의 이야기가
밤새워도 끝나지 않네.

## 지독한 사랑

처음부터 사랑이 없으면
이별을 예상하고 만나는 거야
입버릇처럼 하는 말
달콤한 속삭임도 거짓이고
연민의 정을 느끼지 못하면
멀어질 수밖에 없는 거야
냉커피처럼 식어 버리고
차가운 눈길을 날리면
내일의 기약은 물거품이 되는 거야
가라면 가고 오라면 오는
사랑은 쓸데없는 짓거리야
떠나 버린 빈자리를 채울 수 없어도
아쉽지 않으면 그만이야
변치 말자고 맹세한 사랑도
돌아서면 끝인 거야
잊는다고 다시는 안 보겠다고
까마득히 지우는 그리움
차라리 잘된 거야

사랑의 손길 닿음도
정열적인 키스도
지나 버리면 허무한 거야
영원한 사랑을 꿈꾸는 것은
환상에 불과한 거야
속내를 알 수 없는 너!
지독하게 쫓아다녀도
끌림이 없으면
저만치 가 있는 거야
이별의 끝에서 흘리는 눈물은
슬픔이 아닌 안녕을 말하는 거야.

## 사랑의 편지 1

그녀와 마주칠 때마다 내 가슴이 두근두근
만나자는 말 한마디 못 하고 돌아서네
도저히 용기가 나지 않아서 답답함을
가라앉히며 골방에 틀어박혀 편지를 쓰네
몇 번이고 되풀이되는 말을 채울 수 없어서
흰 백지로 남겨 버리네
어찌하면 좋을까?
이대로 물러나야 할까?
그녀의 예쁜 얼굴을 떠올리며
첫 줄부터 써 내려가네
그녀를 사로잡는 방법이 무얼까?
생각하다가
나를 받아 달라고 애원하듯 쓰네
밤새도록 쓰고 난 후
이건 아니다 싶어서 찢어 버리네
하지만 다시 쓸 거야.
사랑을 이루는 날까지!

## 사랑의 편지 2

너를 향한 그리움이 쉴 새 없이 밀려와
사랑을 담은 편지를 쓴다
정성 어린 손으로 살며시 고백하는 마음이
진실로 건네지기를 소망한다
아직도 못다 한 말 많지만
단 한 장의 편지로 나를 보낸다
텅 빈 허공을 날아서 너를 채움이 도달한 후
행복한 답장이 되어 돌아오기를 기다린다
사랑을 말하는 고운 숨결 느끼며
우리의 만남을 하루속히 정해 본다
너를 생각하며 써 온 편지가
쌓일수록 깊어지는 내 마음을
또다시 꺼내 든다.

## 사랑의 편지 3

그 얼마나 오랜 시간이 흘렀을까?
그 얼마나 기나긴 편지를 보냈을까?
나의 자리에서 보이지 않는 너에게 띄우던
손끝의 느낌을 알 수 있을 거야
마음의 시선을 다른 곳에 두지 않고
너만을 생각한 사랑 하나로 바라본 거야
새까맣게 줄지던 그리움의 표현들,
다정한 연인들로 시작될 수 있을 거야
아무도 모르는 너만 아는 나를
매일 볼 수 있는 날로 사는 거야
서로 주고받은 편지로 인하여
마음을 읽고 사랑을 알고 행복의 꿈을
접을 수 없는 거야.

## 기약 없는 사랑

미안해요

연락하지 못해서

그리워요

남아 있는 모습이

그대를 향한

내가 한없이 미워요

내 마음을 닫아 두기 때문에

사랑할 자신이 없어요

아직도 먼 내가 바보 같아요

술 취한 목소리를

듣고 있으리라 믿어요

보고 싶은 건 엄연한 사실이고

아쉬움이 물고 늘어져요

기약 없는 사랑 속에

묵묵히 살아가지만

아무것도 바라지 않아요

다음 세상에서 만난다면

우리라고 말할게요

그대가 생각하기에

이해도 안 가고

복잡하리라 여겨요

이것이 다가 아님을 알고 있겠죠

사랑이란! 더할 수도

뺄 수도 없는 거잖아요

다른 사랑과 행복을 찾아

잘 살기를 소망할게요

나에 관한 것 모두 다

내던져 버려요

햇볕처럼 밝은 표정으로 잊어요

이다지도 못난 나를

그대보다 다른 일에 더

몰두하고 있어요

멀어지는 그대여!

나 같은 사람 만나지 말아요

사랑한다는 것

그 무엇도 채워 주지 못하니까요.

## 고독 속의 사랑

살아온 날들이 바람결에 스쳐 가고
슬픈 사연에 눈물을 삼키던
한 잔의 술이 바닥에 떨어진다
희미한 안개에 둘러싸인
가로등도 쓸쓸히 꺼지고
그리움이 차디찬 이슬에 젖는다
끝없는 기다림의 고독이 깊어 가고
사랑하는 여인이 보일 듯이 멀어진다
돌아올 수 없다면 차라리 잊어버리고
다시는 만나지 말아야 하지만
아쉬움 남아 찾아온 추억의 거리!
벤치에 앉아 힘든 기억을 떠올린다
울먹이던 목소리/눈물로 고백한 사랑
아무 말 없이 떠나 버린 이후로
싸늘한 고독 속에 묻어 버린
사랑하는 여인을 이젠 잊는다.

## 사랑과 이별 사이

그렇게 쉽게 떠날 거라면
무엇 때문에 사랑한다 맹세했나요
지금까지 만나고
약속한 시간을 다 잊어버렸나요
그대의 사랑이 연극이었나요
애타도록 목마른
기다림의 끝이 이별인가요
아무런 내색도 하지 않은 그대여!
갑자기 뿌리치고
돌아서는 이유가 무엇인가요
우리 사이에 마음의 갈등이
자리 잡고 있었나요
도무지 알 수가 없어요
무정한 그대가 떠난 후
지워진 그리움을
되찾지 못한다면
차라리 멀리 띄워 보낼래요
오래도록 붙잡아 두었던

사랑을 이별로 하여
버림을 왜! 진작에 몰랐을까요
가끔 생각했던 마지막 날이
정말로 오고야 말았어요
하나의 묶음이 갈라지고
남이 되어 버린
마음속의 아픔도 슬픔도
다 흘려버릴래요
사랑과 이별 사이에
미움이 존재하기 때문에
상처로 남아 다시는
돌아갈 수 없어요
끝나 버린 우리의 이야기들,
그다지 소중하지 않았다면
너와 나의 시간 속으로 떠나가요.

## 진지한 사랑

강렬한 눈동자 속에
갑작스레 들어온 여인!
뜨겁게 끌어당기는 정열적인
마음이 식을 줄 모르네
음악이 흐르는 고요한 밤에
촛불을 켜고 와인을
마시는 시간이 로맨틱하네
살포시 기대는 어깨가 편안하고
따스한 체온을 느낄 때마다
심장이 뛰고 마음속의
속삭임이 진지하네
행복한 미소로 화답하고
창가에 앉아 입맞춤하며
처음이자 마지막
사랑이 되어 주기를 소망하네
이젠 아무것도 필요치 않아
그 무엇도 두렵지 않아
그대가 지켜 줄 거니까

정녕! 변하지 않는 소나무가 되어
죽도록 사랑할 거야.

## 그대 없는 빈자리

오늘따라 왜 이리 허전할까?
나 홀로 쓸쓸함이 밀려오고 바람처럼 스치는
그대 없는 빈자리가 너무나도 커 보이네
사랑의 한마디를 되새기는 기다림이 길어지고
깊은 그리움에 잠기는
마음을 떨쳐 버리지 못하네
진한 커피를 마시며 멀어진 그대가 돌아오기를
바라는 시간이 흘러도 빈자리를 떠날 수 없네
갑작스레 떠오른 영상 속의 다정함이 맴돌고
또다시 만날 수 있음을 저버리지 않네
하나로 묶어 놓고 잡아 두는 사랑의 자리를
가득히 채우는 날이 하루속히 올 것이네
돌아와다오. 나에게로
사랑한다오. 그대만을

## 마음 미인

겉으로 보이지 않는 순수한 마음
마치 천사처럼 말하는 밝은 표정!
그다지 화려하지 않은 모습이
잘 어울리고 매력이 흘러넘치네
틈날 때마다 소망의 기도를 드림으로
두 손을 모으고 사랑과 진실로 감싸네
나를 떠나지 않는 그녀에게 반하여
한 번 잡은 마음을 멀리할 수 없네
참신한 지혜로 살면서 따듯함을
베푸는 고움이 되살아나네
밖으로 내비춤을
중요하게 여기지 않고
내면성의 우러남을 서슴지 않네
사랑하는 마음의 미인이여!
언제나 그녀 곁에 함께 있네.

## 서로를 위한 사랑

이별하지 않는 우리의 사랑이
마음 깊은 곳에 들어앉네
하나의 이음 선이 끊기지 않고
시간이 흐를수록 더욱더 그리운 너!
보고 싶은 날이 길어지고
서로를 위함이 언제나 마찬가지네
가을처럼 풍요롭게 익어 가는
우리의 사랑을
거두지 못하기 때문에 가득히 쌓이네
서로 한곳에 머무름이
우선이란! 사실을
마음에 지니고 다니네
지극히도 아름다운 만남
샘물처럼 솟아나는 사랑
서로를 위함이
영원함으로 이어질 수 있네.

## 위험한 사랑

그들의 사랑을 아무도 모른다
매우 위험한 영화처럼 스릴이 넘친다
둘만의 비밀로 간직한 만남도 더는 낯설지 않다
시간이 지날수록 은밀한 러브 게임!
때로는 다투기도 하고 다른 이들 때문에
질투심의 열 받음이 치밀어 오른다
도시를 떠나온 곳에서 즐기는 달콤한 사랑
깊음이 없는 마음을 어디에 두는가?
서로 갈라진 길로 걷는 듯하다
위험을 무릅쓴 짧고도 긴 둘만의 달밤을
끝내는 들켜 버리는 비통함을
이루 말할 수 없다
끔찍한 이별로 막을 내리고 진정 사랑했던
그 전 그대가 잘못함을 더는 받아 주지 않는다
두 번의 이별로 안녕을 고하며 초라하고
쓸쓸한 모습으로 혼자서 떠난다.

〈한순간의 쾌락이 영원한 타락 속에 빠져든다.〉

## 너는 나야

1

사랑이 아니어도 좋아요
헤어지잔 말만 하지 말아요
만남의 날이 짧아도 좋아요
이별이란! 말만 하지 말아요
그대의 마음이 다하여
돌아올 때까지!
기다릴 수 있어요
그대를 향한 그리움을
누구도 막을 수 없어요
우리는 한 몸이 되어
서로 깊이 사랑할 수 있는
약속을 반드시 지킬 수 있어요.

2

한순간도 너를 잊어 본 적이 없어
나의 의미는 너 하나뿐이야
너로 하여 내가 달라질 수 있음을 알고 있니!

마음 하나로 너를 떠날 수 없고
사랑 앞에 무릎 꿇을 수밖에 없는 거야
행복한 미소로 돌아올 너를 생각하는 나
우린 이미 사랑의 날로 다가온 거야
아침이 밝아 오면 떠나자
아픔을 씻어 버리는 바다로
이별도 띄워 보내자.
아득히 먼 바다 끝까지!

## 예약된 사랑

사랑하기 좋은 봄이 왔어요
상큼한 계절이 아닐 수 없어요
꽃밭의 연인들,
따사롭고 멋진 사랑
예약은 하였나요
즐겁고 행복한
데이트의 시간을
마음껏 누려요
아직도 끝나지 않은
예약들이 줄지어 있고
봄 길이 화들짝 열려요
기쁨이 넘치는
사랑 속으로 빠져드는
젊은 연인들이 부러워요.

## 새벽하늘
〈원제: 돌아와 줘 내 곁으로〉

달빛이 내려앉은 창가에

우두커니 서 있는 나

어둠이 짙게 깔린

거리를 바라보며

그대를 생각하네

아직도 잊지 못하는

지난 사랑을 새벽하늘에

그려놓고 잠 못 이루네

돌아와 줘 내 곁으로

가로등 불빛들이 꺼지기 전에

돌아와 줘 나에게

달밤의 별들이 사라지기 전에

돌아와서 비운 내 가슴에

사랑을 가득히 채워 줘요

새벽하늘에 떠올린 그대를

아침이 올 때까지 기다리네.

## 사랑의 날로

담뱃갑을 구겨 버리고
마지막 남은 한 개비를 피우며
낡은 술잔을 기울인다
쓰디쓴 미소를 지으며
비워진 공간 속에서
사랑의 의미를 되새긴다
한없는 기다림이 계절 따라
꽃처럼 피고 질 무렵!
너를 찾아 헤맨다
예전에 몰랐던 사랑의 날로
돌아가는 방향을 잃지 않는다
호수보다 더 맑은 너의 품에서
떠날 수 없음을 깨우친다.

## 마리안느

늘씬한 키에 기다란 생머리!
우아하게 걷는 발걸음
매력이 더하는 가느다란 미소
진한 화장도 하지 않고 보석도 마다하네
사랑에 빠지고 애인을 휘어잡고
낙원의 숲에다 푸른 집을 짓고 사네
정겹게 들리는 새소리와 계곡의 물소리!
아침마다 산나물을 캐서 먹으면
자연미가 온몸에 좌르륵 흐르네
도시 속에 얽매었던
삶이 다 가 버린 후
예전과 달라진 모습이 자유롭네
파티에 초대받고 와인을 즐기던
고급스러운 기억들, 다 지우고
사는 그대의 이름은 마리안느
물질에 휩싸이지 않아서
유난스레 가벼운 양 날개가
새처럼 퍼드득거리네

세상과 안녕하고 자연 속에 사는
행복이 몹시도 풍요롭네.

## 사랑의 그녀

매일 아침 방긋 웃는 그녀가
모닝커피 마시며 사랑의 말을 해 달라네
온종일 일에 시달려 사는데
자기만 생각하고 일하라네
피로에 지친 나
너무나도 편안한 그녀
어찌하면 좋을까?
철도 안 들고 다루기가 쉽지 않네
갑작스레 직장까지 찾아와서
밥 사 달라고 조르네
둘이서 살아갈수록 나아짐이 없는
그녀에게 맞추기가 몹시도 버겁네
사랑의 마음을 모르는 건 아니지만
너무 지나치면 안 됨을 알고 있을까?
그녀에게 다짐을 뚜렷하게 받아야 하겠네.

## 푸른 날

오늘은 무척이나 푸른 날
사랑하며 즐거운 인생을 사네
가슴 아픈 지난날
다 잊어버리고
푸른 풀밭에 앉아
따사로운 햇살 속에
눈이 부시도록 마주하네
활짝 피운 꽃송이를 보며
밝은 웃음을 짓고
행복 가득히 피우네
우리 모두의 푸른 날이
아름답게 풍기는
사랑의 길로 걷네.
너와 나 손잡고

## 푸른 날의 약속

떠남과 보냄은 누런 시들음이다
아픔을 묻어 버린 푸른 들판에서
너와 내가 만남을 약속하고
지난 이별을 잊는다
지켜 내지 못한 사랑의 새싹을
고스란히 피우는 마음이 향긋하다
햇살 따사로운 오월로 향하는
우리는 푸른 연인들,
이미 예견된 약속을 깨트릴 수 없는
굳센 다짐을 흘려버리지 않는다
다정히 웃는 얼굴이 스칠 때면
풀잎을 닮은 너의 손길에 이끌린다
우리의 사랑을 저 들판 끝까지
펼칠 수 있는 나날로 간다.

## 연인들의 노래

갑작스레 퍼붓는 빗줄기 속으로
젖어 드는 우리의 사랑이
시가 되고 노래가 되어 음률에 맞추네
올림과 내림이 그칠 듯 이채롭고
가슴 깊은 곳에 흠뻑 적실 무렵!
미소로 화답하네
아주 오랜 사랑을 위한 연인들의 노래가
우산처럼 접히지 않는 아름다움을 부르네
비가 그친 후 그윽한 입맞춤의 향기로움이
행복이 넘치는 시의 날로 기억하네.

## 내일의 사랑

너는 나의 등불이 되어

어둠을 밝혀 주고

나는 너의 밑거름이 되어

사랑의 씨앗을 피우리라

날마다 둘이서 가는 길에

행복이 물결치고

상처 주지 않는 마음속에

진정 하나가 되리라

이별 없는 세상을 만들고

한 지붕 아래에

사랑의 공간을 넘치도록 채우고

아름답게 살아가리라

작은 소망을 담고 지루하지 않은

내일을 기약하고

밝은 영혼의 빛을

하염없이 비추리라

내일로 가는 사랑이

우리의 모습을 지켜 주고

그 언제나 변하지 않음을
온 세상에 보여 주리라.

## 삼중 사랑

그대여! 흔들리는가?
더는 망설이지 말고 선택하라
한 사람을 위한 사랑의 길로 가라
돌아서고 다시 만나는 연인들의 거리!
가고 오는 사랑의 발길 가운데 머물러라
바람이 되어 떠나 버린 이별을 끝내고
정녕! 변하지 않는 그 사람에게 돌아가라
복잡하게 둘 다 사랑할 수 없다.

## 그리운 내 사랑

긴 그리움이 흰 구름 되어 떠가고
무한정 사랑이 강물 따라 흘러가네
계절은 가고 오는데 기다림의 세월은
길어지고 나의 그대는 돌아오지 않네
아픔 한 자락 남기는 거리에
차디찬 바람만 쓸쓸히 불어오네
추억 속의 사랑을 잊지 못해
그리움을 붙잡고 생각에 잠기네
하염없이 보고 싶은 그대를
내 마음에 지울 수 없고
지난 이야기도 끝내지 못하네
해가 지는 저녁노을 창가에
문득 떠올린 그대의 모습
가로등 불빛이 밝혀지는 거리에
보일 듯이 어둠 속으로 사라지네.

## 사랑을 향해 쏴라

언제 어느 때 쏘아 댈지 모름이란!
사랑의 올바름을 제대로
잡는 법을 의미한다
이것저것 갖추고 난 후
한 여자를 쫓는 남자의 연애 작전!
무언가 심상치 않은 일이 벌어지고
데이트를 받아 주지 않는다
그러나 물러설 수 없는 끈기로
한두 방을 더 날리지만 역시다
얼마나 쫓았을까?
으슥한 골목에 들어선 순간
무서움을 금치 못하는 그녀에게
강렬한 눈빛으로 세 방을 날린다
홀딱 반해 버린 여자의 마음이 녹아들고
온몸이 짜릿함을 느낀다
드디어 사로잡은 사랑의 표적!
기쁨에 넘쳐 어쩔 줄 몰라 한다
찰나의 순간은 언제나 오는 것

한 여자를 사랑하며 사는 인생이
가장 행복하다.

## 낯선 거리의 여인

달콤한 사랑도 싫고
슬픈 이별도 싫은 것일까?
낯선 거리에서 쓸쓸히 홀로 걷는 여인아
긴 머리가 바람결에 흩날리고
어깨 위로 따사로운 햇볕이 내려앉네.

〈지금 내겐 아무것도 필요치 않아
그저 한 사람으로 살아갈 뿐이야.〉

여인의 마음속에 되뇌는 말이 아닐까?
그늘이 없는 밝은 얼굴 때문에
아무런 사연이 없는 것처럼 보이네
차가운 겨울바람/
무심히 스치는 그리움
지켜본 시간이 지나면 만날 수 있을까?
텅 빈 카페에서 따뜻한
차 한 잔 마시며 온몸을 녹이네

여인에게 사랑과 행복을 안겨 주는 날을
손 모아 기다리네.

## 단 하나의 사랑

그때는 정말 몰랐어요
사랑하는 이유를
이렇게 만날 줄 몰랐어요
인연 속의 그대를
언제부턴가 내 삶이 달라지고
그대 향한 그리움이 끝나지 않아요
서로를 헤아리는 마음을 접을 수 없는
다정한 연인들로 함께 걸어요
해맑은 하늘빛 따라
단 하나의 사랑을 피우는
우리가 되어요
영원토록 변하지 않는 꿈을 꾸며
잠시 떨어져 있어도 잊지 말아요.

## 그래 이야기하자

모든 마음 다 열어 두고
드넓게 생각하는 작은 머리!
서서히 풀어 가는 이야기들이
오랜 시간 동안 남아 있는
우리의 만남이 길어지네
어제와 다른 예전과 다른
모습으로 비추는 너의 진실이
사랑이었나? 그리움이었나?
이별을 말하지 않네
잠시 흐르는 눈물을
미소로 돌리면
행복하고 즐거운 나날이
우리를 기다리네
내일로 향하여 끊이지 않는
아름다운 사랑
매일 나누도록 만드는 이야기들,
우리를 위한 각본이고
서로를 보듬어 주고 이해하는 힘이네

머나먼 날에도 다하지 못한
이야기가 남아 있을 것이네.

## 사랑의 풍경

어디에다 무엇을 그릴까?
누구에게 내 마음 띄울까?
넌지시 물어보는
풍경 속의 사랑 이야기!
수많은 연인이 모인 곳에서
너를 기다리며 식어 버린
커피잔을 치우지 못하네
말 없는 자리에 쓸쓸함이 더해 가고
사랑을 잃은 음악 소리가 들려오네
이토록 아름다운 날
나를 받아 주는 풍경 속의
너를 커다랗게 그리네
그리 쉽게 떠나지 못해
너무 쉽게 벗어나지 못해
기다림의 끝이 눈앞에 보일 무렵!
저만치서 다가오는 너를 보며
기쁨의 미소를 살짝 날리네

나의 너 너의 나로 하여
우리의 사랑이 시작되었네.

## 시인의 아픈 사랑

그대는 사랑 때문에
아파해 본 적이 있나요
이룰 수 없는 이유로 뒤돌아선
그리움이 길어지고 있어요
단 한 번도 만나지 못하고
아직 할 말도 다 못 하고
잊음이란! 것을
참아내야 하나요
차 한 잔의 기다림도
시 속의 이야기도
물거품이 된다면
이대로 멀어지는 건가요
아무 대답 없는 그대의 마음을
알 수만 있다면 얼마나 좋을까요?
서로 사랑하는 연인들을 보아요
너무나 다정하고 행복해 보이잖아요
갈등과 이별 속에서 아픔만 더 하여
사랑의 느낌도 아쉬움도 없는 건가요

그대에게 말하는 시의 의미를
어떻게 생각하나요
이대로 끝남이라면 바람결에 사라진
시 속의 사랑이 다시 돌아올 때까지
시인의 먼 길로 쓸쓸히 떠나야 하나요
안녕이란! 한마디를 남기며 말이에요
시에 실린 그대여! 보고 싶을 거야.

## 사랑은 의아함이 아니다

너를 만나지 않았다면
내가 지금 어떻게 살고 있을까?
텅 빈 방을 마구 어질러 놓고
이래저래 살고 있을 거야
너와 함께 지내지 못한다면
나는 무엇으로 남아 있을까?
외로움에 지쳐 밤새도록
몸부림치고 있을 거야
낯선 여인을 찾아 헤매다가
술에 취해 쓰러져 있을 거야
사랑에 굶주린 나를
따스한 손길로 받아 준 너
소중한 만남을 약속하고
어떤 어려움이 닥쳐도
둘이서 이겨 내는 마음을 가진 너
이젠 혼자가 아닌 나의 삶이
너로 인해 바뀌고
예전의 모습을 찾아볼 수 없네

서로 믿는 우리 사랑이
의아하지 않음을
보여 주는 마음이 더하고
만약이란! 것을
단번에 잘라 버리네
아름답게 꽃피우는
행복한 인연 속에서
사랑을 떠나서
살아가지 못함을 깨달았네.

## 사랑한다는 것은 2

너의 미소가
나를 행복하게 만들고
너의 두 손이
나를 따스하게 감싸네
아픔도 슬픔도
다 녹아드는 사랑 속에서
우리를 위한 공간이
날이 갈수록 넓어지네
너를 볼 때마다 느끼는
순수한 이성!
그윽한 향 내음이 번지는
너와의 입맞춤
연인들의 노래를 부르는
하나 된 마음
사랑한다는 것은?
서로를 위해 존재하는 것
좋아한다는 것은?

변치 않는 그리움으로 남는 것
더 이상 무슨 말이 필요할까?

## 우리 사랑 끝날 때까지

영롱한 별빛 내려와
까만 이 밤을 환하게 밝혀 주고
우리 마주 앉아
사랑의 마음을 나누네
창가에 달빛 비쳐와
찬란한 보석을 너에게 선사하니
깊어 가는 어두운 밤이
더욱더 아름답네
우리 두 손을 꼭 잡고
웃음 짓는 다정한 모습
마음속에 들어차는 사랑을
서로를 위해 간직하네
칵테일 한 잔에 행복을 느끼고
밝음이 가득한 우리 사랑
끝남이 아님을 지키도록 맹세하네
이 한세상 저물어도
또 다른 시작인 것을
그 언제나 -I LOVE YOU-

## 세상에서 가장 아름다운 사랑

암 선고를 받은 그대의 삶이 몹시도 아프지만
뒷바라지해 주는 님의 마음이 아름답네
푸른 산골로 들어가 맑은 공기를 흠뻑 마시는
자연의 향수가 나음을 말해 주는 것 같아
쉽사리 떠나지 못하는 두 사람
님의 그대를 사랑하는 온 마음이
행복한 시간 누림을 선물 받음이네
예전에 몰랐음을 알고
아픔을 점차 씻어 버리고
영혼의 맑음을 보는 그대여!
지금의 모습을 기억하는 내일도 눈을 뜨고
더한 아름다움이 온 산골에 풍길 것이고
천사의 미소를 잃지 않고 늘 지켜봐 주는
보살핌이 기적을 나을 것이네
해맑은 얼굴로 서로를 감싸 주고
두 사람 사이가 더 가까워짐을 느끼네
사랑이여! 이젠 아픔도 슬픔도 다 떠나라
내일의 나음을 두 손 모아 소망하네.

## 사랑의 불꽃

뜨거운 열정이 식지 않는 사랑
연인들의 가슴에 밝히는 불꽃
황홀함이 들끓어 오르는 입맞춤
소중하게 생각하는 그대여!
세월이 덧없이 흘러도
매 순간 기억하는 사랑이여!
어두운 밤마다 불꽃이 찬란히 타오르고
그대와 나 있음을 잊지 않네
찬비가 내려도 사랑의 불꽃을 꺼트릴 수 없고
거리의 바람이 세차게 불어도 잠재울 수 없네
다른 이의 달콤한 유혹에 휘둘리지 않고
사랑 하나로 이루는 연인들,
어두운 창가에 비추는 모습이 밝아 보이고
축복의 밤이 우리의 행복을 포근히 끌어안네
아침에 눈을 뜰 때까지 굳은 심지가
애달프지 않도록 타올라서 사랑의 마음을
숨길 수 없네.

## 사랑 그리고 그리움

가슴이 시리도록 잊지 못하는 사랑이
추억의 거리를 하염없이 걷네
따사로운 햇살 아래에 그대의 모습이 떠올라
아련한 그리움이 밀려오네
진정 사랑했기에 어디 간들 잊으리오
그대 없는 이 세상에 나도 없는 거야
오늘도 쓸쓸히 발길을 돌리며
기약 없는 기다림 속으로 떠나가네.

## 사랑 나누기

너와 나의 사랑을 마음 열어 놓고
나누면 행복의 의미를 알게 되네
서로 주고받음을 고이 간직하고
살아가면 밝은 표정을 지울 수 없네
사랑이 가득한 푸른 초원
사랑의 물결이 넘치는 바다
편안한 마음 가운데에 아름다움이 치솟고
서로를 알 수 있음이 예쁜 꽃처럼 향긋하네
다 주어도 모자라는 사랑 나눔이
빠르게 흘러가지 않았으면 좋겠네
끊임없는 그리움에 휩싸이는 사랑의 넓음이
너와 나를 향한 영혼 속으로 스며드네.

## 사랑의 값어치

그대는 사랑이 얼마라고 생각하나요
백지수표로 쓸 수 있는 무제한인가요
아플 때나 즐거울 때나 서로 필요하여
돈 주고 사 버릴 수 없음이 사랑 아닌가요?
어떤 조건도 내세우지 않고
이것저것 따져 들지 않고
따뜻한 가슴을 열고
포근한 품에 안기는 두 사람
한 지붕 아래에
나의 님과 함께하기 때문에
가난하고 풍부하지 않아도 남부럽지 않게 사는
값어치가 넘치는 사랑이 또 있을까요?
둘이서 주고받고 우러나는 대로 보여 주는
아름다운 사랑을 값비싼
다이아몬드와 바꿀 수 없지요
그다지 잘나지 않아서
편안한 느낌을 받는 두 사람
힘들 때마다 기대고

얼굴이 다 닳도록 마주 보고
웃음꽃을 활짝 피우는 밝은 모습이
행복이라 말하지요
늘 곁에서 지켜봐 주고
둘만의 공간을 가득 메우는
사랑을 떠나 살아갈 수 없는
세상이지요.

## 가을 연인

가슴 아픈 날들,
강물에 띄워 보내고
지나친 속됨일랑
하늘 높이 던져 버리자
우리의 모습 해맑게 다스리며
풍요로운 가을날에 발갛게
물든 단풍을 보며
서로를 지켜 주고
뜨겁게 감싸 주는 연인이 되자
사랑의 날로 돌아가며
기쁨의 미소로 화답하자
사랑의 계절!
가을과 맞닿은 시간 속에
눈을 지그시 감고 입맞춤하자.
가을날의 연인이여!

## 외사랑

아무도 없는 비운 공간을
채울 수 없는 긴 밤의 외로움
흔들리는 내 마음이 갈 곳을 몰라
방황하는 거리를 지친 채로 맴도네
밤새도록 잠이 오지 않아
그대를 그리는 나를 잊었을까?
이젠 정말 만날 수 없나 봐
지난날 나 혼자 사랑했나 봐
보고 싶어도 볼 수 없는
그대 지금 어디에!
바람결에 스쳐 가 버린
외로운 사랑이 미워라.

## 너를 찾아

찬비 맞으며 걷는 외로운 나
비에 젖은 추억 속에 잠기네
빗줄기 되어 스치는 너의 모습
한없이 보고 싶어!
지난날 만났던 작은 찻집
모퉁이에서 서성거리네
가로등 불빛 비추면 다정했던 순간들,
떠올라 지울 수도 버릴 수도 없네
비록 짧은 만남이었지만
이제야 사랑이란 걸
알 것 같아 너를 찾아 헤매네
비 오는 날이면
추억 속의 사랑을 알고 난 뒤
너를 만날 때까지 또다시 기다리네.

## 운명의 연인들

새하얀 기억 속의 너를 지울 수 없고
무심히 지나친 한마디가 귓가에 맴돈다
날이 갈수록 그리움은 길어지고
보고 싶은 마음을 저버릴 수 없다
사랑 속에 갇힌 너를 놓아주지 못하고
서로를 위한 기약도 내버리지 않는다
너는 나의 운명
나는 너의 사랑
단 하나의 연인들이 되어
눈을 뜨는 아침에도 잠드는 밤에도
너로 하여 행복하게 살고 싶다
아름답게 피우는 사랑과 인생!
서로를 이해하는 다정한 이야기들,
제아무리 가난하여도
우리 같이 살아야 할 운명의 날들을
아무도 막을 수 없다.

## 사랑 그것은 기다림

오랜 세월이 지나도 많은 시간이 흘러도
기다리는 사랑
이룰 수 없다고 돌아오지 않는다고
생각하기엔 너무나 이른 마음
다 비워 둔 채로 다 버려둔 채로
머무는 연인들의 공원
밤새 잠 못 이루는
별이 되어 보고 싶은 사랑
따사로운 봄 햇살처럼
그대를 맞이할 준비가 되었음을
끝나지 않는 사랑 속에서
우리 서로 그리워하고 있었음을
고백할 날이 올 거야.

## 우리 이대로

지난날이 가고 새로운 날이 온다
그리움이 가고 사랑이 온다
외로움이 가고 행복이 온다
눈물이 그치고 웃음꽃이 핀다
슬픈 추억을 지우고
즐거운 추억을 만든다
모든 것이 끝난 자리에서
둘만의 사랑을 소중히 간직한다
우리 이대로 서로 같은 곳에서
살아갈 것을 맹세한다.

## 너의 모든 것을 사랑한다

긴 세월 흐름 속에서 만나는
너와 나의 오랜 기다림이
사랑의 마음을 움직였네
하나로 이어짐을 끊지 못하고
깊은 곳에 간직해 온
소중한 시간이 멈추지 않네
아무 말 안 해도 눈짓으로
알 수 있는 연인들이 되어
아주 멀리 떨어질 수 없네
이른 아침에 눈을 뜨고
커튼을 여는 따사로운 햇살이
사랑의 하루를 밝게 비추네
서로를 위함이 널따랗게
그려지고 마음의 느낌이 드는
순간마다 행복이
물밀듯이 밀려오네
머리에서 발아래까지
너의 모든 것을 사랑하기에

더는 바랄 것이 없고
슬픔과 기쁨이 넘칠 때마다
너를 따뜻하게 안아 주고 싶네
진실한 사랑이 변하지 않는
나만의 연인이여!
그 언제나 함께
할 수 있음을 기억하네.

## 그대의 연인

창밖에 가로등
고요히 잠든 새벽
아무도 없는 쓸쓸한 거리에
희미하게 떠올리는 그리움
촉촉이 젖어 드는 이슬방울처럼
그대 모습 보일 듯해!
잠시 멈추는 외로운 마음
꿈속에서 헤매는 나를
붙들어 주는 따스한 손을
놓치고 싶지 않아서 잔뜩 움켜쥐네
빈 낙서장이 다 차도록
쓰는 시라면 사랑이라 말해야 하는가?
그대를 향한 시간 속에서
머나먼 날에 가까운 연인이 되기 위한
그리움의 끝에서!

## 실제로 사랑하라

한순간의 스침이라면

차라리 만나지 마라

그리 쉬운 헤어짐이라면

인연을 만들지 마라

겉눈에 보임이 다가

아님을 깨우치고

마음에 숨겨 둔

사랑을 꺼내 들어라

소설 속의 이야기와

드라마 속의 시나리오가

아님을 알고 있는가?

실제로 보이고 느끼는

사랑이 필요한 이유로

서로 주고받는 숱한

나날로 이어지는

둘의 마음을 하나로 모아라

사랑이란! 아름답고 위대한 것

사랑이란! 아침마다 피어나는 것

맑은 물이 되어 솟아나리니
충분히 이룰 수 있음을 믿어라.

## 인연 속의 사랑

바람의 흔들림을 붙잡는 너의 인연!
스치는 거리에서 만나는 나의 사랑
이대로 놓치지 말고 둘이서 걸어요
먼 날의 행복이 우리를 기다리고 있어요
너를 향한 그리움을 갈수록 지울 수 없고
사랑의 향기가 아름답게 피어올라요
서로 주고받음이 온 마음에 들어차고
한 번 맺은 인연이 세월보다 길어요
정녕! 떠날 수도 변할 수도 없는 곳에서
다정한 눈빛으로 바라보아요
뒤따름의 인연!
서로를 위한 사랑
우리 함께 있음을 소중한 나날로
기억하며 마음에 간직한 의미를
내버리지 말아요.

## 우리의 깊은 사랑

하늘 멀리서 비쳐 오는 따사로운 햇살

푸른 들녘에 피우는 꽃잎 사이로

너와 나 다정히 걸어가네

마음 깊은 곳에 심어 둔 우리의 사랑을

아름답게 가꾸는 계절마다

샘물이 되어 솟아오르네

서로를 위함이 벅차오르고

시들지 않음이 우리를 붙들어 주네

영원하도록 간직하는 깊은 사랑이

화사하게 피어올라

그윽한 향기를 내뿜어 주네.

## 흔들리는 사랑

바람결에 흔들리는
갈대가 되어 버린 사랑이여!
잡으면 놓치고 보이면 가리고
그리움이 구름처럼 흘러가요
어떻게 해야 잡을 수 있나요
어떻게 해야 열릴 수 있나요
사랑의 방법을 알려 주세요
다른 연인을 만나고 싶지 않아요
지금 이대로 멈추면 좋겠어요
기다림에 지치면 떠날지 모르니까요
우리 사랑 더는 흔들리지 않는
단단한 대나무가 되어요.

## 사랑 늘리기

흐르는 세월 속에 늘려가는 우리의 사랑
점차 깊어지는 너와 나는 작은 연인들,
지금의 마음 그대로
지구 한 바퀴를 다 돌아도 모자라는 사랑이여!
아직도 못다 한 이야기가 우리의 곁을 맴도네
기다랗게 늘림이 끊기지 않도록
강하게 묶어 놓음이 서로를 지켜 주네
제아무리 높은 장벽도 막을 수 없고
아픈 이별도 끊어 버릴 수 없네
매 순간 기쁨이 넘치는 마음을 안고
끝없는 사랑이 보이지 않을 때까지
더욱더 늘려가네.

## 여인의 사랑

그리워할수록 몹시도
힘겨워하는 여인이여!
깊은 내음을 끄집어내지
못하는 사랑이여!
한 송이 꽃을 피우는
미의 향기가 아름답고
행복을 꿈꾸며 기다리지만
자꾸만 야위어 가는 얼굴을 숨기는
색상이 흩트림이 없네
긴 머리가 바람결에 휘날려도
여인의 마음은 흔들리지 않네
가누지 못하는 아픔이 찾아와도
정열로 가득 차고 미소 짓는 노을로
사랑의 밤을 그리며
와인 한 잔에 젖어 드네
로맨틱한 샹송이 흐르고
다소곳한 차림새로 앉아
두 손을 곱게 모으네

아직도 이루지 못한 사랑을
애타도록 그리는
그대를 하염없이 떠올리네
달처럼 포근하고 별처럼 반짝이는
여인의 사랑이 돌아오기를
밤새도록 기다리네.
새벽안개가 짙은
마음의 향연 속으로

## 꽃잎 속에 피어난 사랑

푸른 들판에 새하얀
꽃잎이 예쁘게 피어날 무렵!
그대와 나 다정히
손잡고 걸어가네
싱그러운 날에
우리의 고운 마음이 더하여
살며시 속삭이는 사랑을
아름답게 심고 가꾸는
꽃잎을 보며 행복에 젖어 드네
사랑을 선사하는 마음을
그 언제나 간직하는
밝음이 떠나지 않네
꽃잎이여! 사랑이여!
계절이 바뀌어도
시들어 버릴 수 없네.

## 떠나지 않는 곳에서

보고 싶은 사람아

내 가슴 깊은 곳에 담아도 될까요

그리운 사람아

쓸쓸한 창가에 떠올려도 될까요

한없는 기다림에 지쳐 버린 나를

한 번만 더 생각해 줄 수 없나요

긴 겨울밤이 지나고

아침이 오면 두 잔의 커피가

기다리고 있음을 아시나요

이토록 애타는 사랑이

어디에 또 있을까요?

언젠가 우리 만나게 되겠지요

돌아와 주기를 바라는

떠나지 않는 곳에서!

## 사랑과 인생

단 하루를 살더라도
사랑하는 사람과 살고 싶다
가진 것이 많지 않아도
화려하지 않아도 괜찮다
인생을 논하며 한 지붕 아래에서
피우는 사랑이라면
더는 바랄 것이 없다
행복에 찬 미소를 채우는 공간,
아름다움에 흠뻑 젖어 드는 둘의 하나
따뜻한 가슴에 안기는 긴 밤이 그립다
어딘가 있을 그대를
오랜 기다림 끝에 만날 수 있다
한세상 속에서 살아 숨 쉬는 사랑
이것저것 다 주어도 모자라는 인생!
무작정 사는 것이라면
차라리 접어 버리겠다
혼자서 눈을 뜨는 아침이
허전하기 이를 데 없다

그대가 깨우는 소리를
매일 들을 수 있다면 얼마나 좋을까?
신선한 느낌으로 와닿는
사랑을 뜨겁게 불태우고 싶다
마주하는 모습이 정겹도록
그대만을 죽도록 사랑하고
세상의 한계에 도전하는
인생을 바치고 싶다
그대와 함께 사는 날이 온다면
나는 이미 내가 아니다
사랑이여! 오라.
행복한 날로 맞이하리라.
인생이여! 살라.
세월 흐름을 따라잡으리라.
정녕! 헛되지 않도록

## 사랑의 여인아


시작이란! 두 글자를 가슴팍에 새기며
행복한 내일을 꿈꾸며 걷는다
사나이 가는 길을 아무도 막을 수 없고
가로수 잎들이 향긋하게 깔린다
끝없는 길을 따라서 나의 생애 여인을 찾은
흔적들이 고스란히 남아 있다
사는 이유를 묻는다면
사랑의 나날로 살아가기 위함이다
어디에 있을까? 사랑의 여인아
이제야 찾는다면 늦지 않을까?
만남의 약속을 지킬 수 있어서
늦음은 멀지만 이대로 주저앉을 수 없다
햇볕이 밝은 오월!
산뜻하게 부는 바람
해 지는 저녁이 되어도 밤새도록 찾아 나선다
인연의 옷자락이 춤을 추다가
제자리로 돌아온다.

## 서투른 연애

아무런 느낌이 없는 너와 나,
별다른 의미도 없는 만남의
시간이 아깝지 않을까?
사랑과 연애는 하기 나름인데 쉽지 않네
무작정 마음 주는 것도 자존심이 허락지 않고
철없는 어린아이처럼 서투름만 더하네
무슨 말을 어떻게 해야 할지
때로는 말문이 막히네
자꾸만 멀어지는 너와 나,
잠시 떠난 후
충분한 준비를 하고 시작함이 나을 듯하네
연애하기 좋은 계절에
다시 만나는 그리움 속에서
우리 사랑을 위해 얼마든지 기다릴 수 있네
맨 처음의 모습으로 돌아가서
달빛이 깊어 가는 하얀 밤에 하나가 되어
불타는 사랑이 끊임없이 타오르기를 바라네.

## 작은 사랑

작은 보석함에 담아 둔 사랑을
조심스레 꺼내는 여인이 몹시도
행복해 보이네
소중히 간직한 받음 속에
피어난 예쁜 미소가
그대로 남아 있네
화사한 모습
그리운 마음
사랑이 빠져나가지 않는
작은 공간이 커다랗게 열리네
끝없음을 위한 연인들의 향긋한
속삭임이 귓가에 맴도네.
잊지 못함이 더하여
그 언제나 함께하는 곳으로

## 숲속 사랑

다른 연인들,
사랑한다고 부러워 마라
혼자 산다고 외로워 마라
언젠가는 둘이 되어
살아갈 날 있으리니
그날을 기다리며
고요한 숲속을 거닐어라
그 얼마나 향긋한 풀 내음인가?
마음이 맑아지는
여인의 모습이 초라하지 않네
혼자일지언정
자연과 벗하기 때문에
매일같이 푸른 날이네
따사로운 햇살 내려와
여인을 감싸 주고
미소 한 송이 피어나네
사랑이 있을 법한 숲속에
향긋한 여인이 되어

그대를 잡아당기네
못내 끌려가는 그대가
사랑이라 여기며
풀 내음을 흠뻑 마시네
마음속에 가득히 채운 뒤
사랑할 수 있음을 느끼며
둘이서 숲속을 거니네.

## 이동전화기

만나고 헤어지는 연인들의 거리!
저녁노을 따라 그리움이 번지고
말문을 열어 주는 벨 소리가 울리네
한발씩 뗄 때마다
기다랗게 속삭이는 전화기 속의 말
길을 걸으며 듣는 목소리
이다지도 다를 줄이야
서로 마주 볼 때는
정말로 몰랐네
얼마나 사랑하는지!
보고 싶은 한마디에
차가움이 녹아내리고
돌아오라는 한마디에
너의 모습이 가까워지네
아리따운 너를 가슴에 안고
손에 든 0번을 누르는
시간이 길어질수록

우리의 사랑이 깊어 가고
이별 번호가 찍히지 않네.

## 첫사랑의 여인

십여 년 만에 만난 여인!
우연일까? 필연일까?
첫사랑을 못 잊은 까닭도 있고
인연의 끈을 자르지 않았기 때문이네
그리움 속에 살아온 여인과 나
갑작스레 놀라서 할 말을 잃은 듯
어색한 침묵이 흐르네
한참을 마주 보다가 너무 반가워서
눈웃음을 지으며 예전으로 돌아가네
그토록 사랑한다고 헤어질 수 없다고
다짐한 지난날의 짧고도
긴 추억 속으로 스며드네
변함없는 그대로의 모습 서로의 기억을
되살리며 말문을 여네
점차 가까워지는 두 사람,
지금의 애인은 있는지 묻지만
대답은 없음이네
이다지도 황홀할 줄이야

기다림의 끝에서 두 번째로 시작하는 사랑,

한 여인과 이룰 수 있어서

벅찬 가슴을 감출 수 없네

철없던 시절에 사랑을

너무 몰라서 헤어진 것이고

떨어져 있어도

우린 늘 잊지 않고 살았네

산뜻하게 이루어지는 둘만의 재회!

아름답게 달아오르는 둘만의 사랑

서로의 손을 놓지 않고 걷네.

이젠 하나가 되어

## 슬픈 운명

엇갈린 사랑 속에서
갈등하는 여인의 운명!
흔들림을 다 잡지 못하고
생각지 않는 그대를 따라가네
가슴 아픈 그리움이 쌓이고
예전부터 사랑하는
님을 잊지 못하네
아련한 기억을 더듬는
공간이 넓어지고
보고 싶음에 지쳐서
눈물방울이 이슬처럼 떨어지네
둘의 사이를 갈라놓을수록
이루고 싶은 사랑
오랜 기다림을
약속하는 여인의 세월!
슬퍼 말자고 울지 말자고
속으로 삭이네
사랑하는 님이

달려오는 그날까지!
늘 곁에 맴도는
그대를 멀리하네
못다 바친 것과 못다 준 것을
깊은 곳에 간직하는
여인의 한 사랑
갈대가 아님을 보여 주는
로맨틱 드라마
눈먼 사랑이 아닌 가까운
사랑이 님을 향하네.
슬픔 한 자락 품에 안고
살아야 할 운명이기에!

## 가을로 가는 우리

공원 숲에서 흘러나오는
향기를 맡으며 걷는 우리!
신선한 사랑이 마음 깊이 맑아지네
풍요로움이 더하는 가을 속에
낙엽 사이로 떠오른
해맑은 빛이 우리를 비추네
그리움도 고독도
다 떠난 연인들 날의 데이트
마음보다 더 넘치는
사랑을 끌어안는 둘만의 시간이
길어지는 행복을 느끼는 우리!
내일을 기약하며 아름답게 살아야 해
다정한 모습을 잊어버리지 말아야 해
가을로 가는 우리 사랑
단풍이 진다 해도 달라질 건 없을 거야
그대의 이름 부르며 고이 간직하는 얼굴
보고 싶을 때마다 생각할 거야
색상이 눈에 띄는 풍경 속에

사랑의 그림을 그릴 거야.
해가 지는 저녁이 와도

## 잘못한 사랑

떨리는 손으로 그대를 안았지
따뜻한 온몸이 아픔을 녹여 주었지
눈물을 닦아 주며 사랑한다고 말했지
아파하지 말라고
상처받지 말라고 포근히 감싸 주었지
잘못한 사랑을 너그럽게 봐주면 그만이고
이별이 다가 아니지
그대 곁을 떠날 수 없는 나를 안다면
우리의 사랑 깊어지기 마련이지
웃음 짓는 얼굴로 바라보는 그대!
고운 모습으로 피우는
행복이 눈앞에 서성거리지
눈감으면 새하얀 빛이 되어 떠오르고
눈을 뜨면 가까운 곳에 머물지
감출 수 없는 시선이 반짝거리고
차가움이 뜨겁게 타오르지
끊기지 않는 사랑의 본정이

우리를 한 번 더 이끌어 주지.
욕망이 아닌 진실로

## 너에게 고백하는 시

창가로 비쳐 온 햇살 미소가
내 가슴에 스며들어와 너를 생각하네
내 방 가득히 들어찬 지난 이야기들,
너의 목소리가 귓가에 맴도네
흐린 날에 떠나 버린 너를 찾아가
다시 만나려 했지만
끝내는 만나 주지 않은 너
나를 잊은 거니
추억의 장을 다 태워 버린 거니
얼마나 사랑했는지 알지 못하겠니
이젠 잊어야 하는 거니
무심결에 쓴 시가
너를 담아 낼 줄 누가 알았겠니
오늘이 다 가기 전에 돌아올 수 없는 거니
핸드폰도 받지 않고
문자 답장도 보내지 않는 너
이젠 아닌 거니
넌 나를 잊어도 난 너를 잊을 수 없네

마지막 순간까지 사랑하고 싶은 너!
돌아와 줘 너에게 고백하고 있잖니
이다지도 힘든 나를 내버려 둘 거니
아픈 가슴 달래 줄 수 없는 거니
사랑의 시를 너로 하여
하나로 묶을 수 있잖니!
너를 알기 전에
사랑을 먼저 알았더라면
더 나았을 것을
시 속의 사랑이 다가 아니란 걸
왜! 진작에 몰랐을까?
이러는 내가 한없이 미워지네.

## 영혼을 태우는 사랑

사랑하는 그대여! 눈을 떠 봐요
아침이 밝아 와요
창가에 비추는 햇살이 따사로워요
촛불처럼 타오르는 사랑 속에
쓸쓸히 꺼져 가는 소중한 생명이여!
무언지 모를 병이 아물기도 전에
숨을 거둔 가련한 그대여!
정녕! 이대로 떠나야 하나요
아픔의 눈물이 수돗물처럼 쏟아져요
가지 말라고 하루만 더 살라고
매달려도 아무런 소용이 없나요
그대를 돌봐 주지 못한 나를 탓하며
스스럼없이 무너져 내려요
벌겋게 타는 그대의 몸뚱어리!
차마 볼 수가 없어서 빈 허공에 대고
소리쳐 울며 한마디 하네요
미완성의 사랑을 나 홀로 어찌 이루라고
씻길 수 없는 상처를 어찌 감당하라고

그리 급하게 서둘러 가나요

새하얀 재로 남아
훨훨 날아가는 그대여!
내 가슴에 묻혀서
함께 살아야 할 그대여!
이별 없는 나라에서 행복할 수 있나요
젊은 생애를 마친 안타까운 그대여!
꿈속에서 우리가 되어 사랑의 불꽃을
환하게 피울 수 있나요
마지막 가는 길!
영원 속으로 떠나는 긴 여행
그대의 영혼을 감싸 안으며
너무나도 사랑하기에 잊지 못하리란!
굳은 맹세를 하네요
안녕이란! 말을 입에 담지 않고
그 언제나 내 곁에 있어 달라고
간절히 소망하네요
가슴으로 볼 수 있는 그대여!
끝없는 우리의 사랑이

강렬히 타올라 식지 않을 거예요.
이 못난 목숨 다하는 날까지!

## 하나 된 삶으로

무엇을 갖고 함께 살아갈 것인가?
무엇을 보고 함께 헤쳐 갈 것인가?
예전과 다른 모습이 되어
혼자가 아닌 둘이서 사는 법을
굳게 붙든다
만남에서 정혼까지!
사랑을 위한 사랑이
마음 깊은 곳에 매일 들어앉음이
매우 귀하다
둘의 하나란! 것은?
사랑의 이음 선을 끊을 수 없는
삶의 의미로 비추는 것이다
마음의 자리 지킴도
정녕! 벗어나지 않는 다정함에 힘입는다
우리의 삶을 이어 주는 사랑
더할 나위 없는 행복이 저만치서 밀려온다.

## 봄날의 애인

멀리할수록 그리움이 쌓이는 법
가까이할수록 외로움이 잦아지는 법
화사한 꽃을 피우는 봄날에 사랑하고픈
본 심리를 숨길 수 없네
끈기로 걸어온 발돋움을 걷어차 버리고
제자리로 돌아가지 않음이 최우선이네
비워진 날들 속에 그윽하게 풍기는 향 내음
애인 하나 만들지 못하는 아쉬운 시간이여!
봄날이 다 가기 전에 한 사람을 놓치기 전에
앞뒤 가릴 것 없이 무작정 뛰어들어야 하네
맹공격을 퍼붓는 그대를 아무도 막지 못해서
골은 반드시 들어갈 것이네
바람의 봄날이 너무나 아름다워!
씨앗을 심어 놓고 꽃을 피움처럼
사랑의 애인도 피어나네.
이토록 향긋한 날에

## 두 가지로 보는 사랑

정열의 불꽃이 타오르고
너를 잊지 못하여
긴 그리움에 휩싸이네
마음속에 사랑을 두고
만날 때마다 바라보는
눈빛이 몹시도 뜨겁네
온 영혼 다하여 사랑하는 너!
벗어날 수 없는 나
우리의 속됨이 서로를 감싸 주고
다정한 모습이 언제나 그대로네
정녕! 변하지 않는 사랑이
늘 가까이 있음을 보네
너로 하여 내가 되고
나로 하여 너가 되는 연인들의
하나 된 사랑이 떠나지 않네.
끝내는 두 가지가 아니었음을

## 마음속의 사랑

떨어져 있어도
보이지 않아도
내 손을 잡아 봐요
따듯한 숨결을 느낄 수 있어요
깊은 마음속의 간직함을
흘려보낼 수 없어요
우리 사랑을
아침마다 신선하게 피워요
늘 처음 그대로 함께 머물러요
둘의 시간을 하나로 맞추어요
그 언제나 사랑의 길이 열리고
아름다운 빛깔이 스며들어요
우리 마음속에 간직한 사랑
얼굴을 마주하며
허물을 다 벗어 버려요
사랑과 행복을 꿈꾸는 그대와 나
한 줄기 불꽃으로 남아요.
꺼트릴 수 없는 영원함으로

## 한 사람을 위한 사랑

어디가 아픈가요
고칠 수 없는 병에 걸린 건가요
입을 꾹 다문 그대여!
고집부리지 말고 편안히 말해 줘요
울지 않을게요
그깟 병 아무것도 아니잖아요
사랑으로 이겨 낼 수 있어요
내 곁을 떠난다는 말도 하지 말아요
이대로 끝나기엔 너무나 허무하잖아요
무엇이 그대를 이렇게 만들어 놓았나요
그래요, 내 잘못이에요
너그럽게 나를 보아 주어요
이렇게 웃고 있잖아요
그대가 아프면 나도 아파요
우리 이제 여행을 떠나요
병을 고치는 산뜻한 세상으로
천사들이 모여 사는 아름다운 세상으로

아무 걱정 하지 말고 나만 믿고 따라와요

그대의 병 나을 때까지 지켜 줄게요

그대를 위해 준비해 둔 것도 많아요

세상에서 가장 사랑하는 그대여!

병마와 힘겹게 살아가는 그대여!

충분히 이겨 내리라 믿어요

사랑의 기적이 반드시 일어나기 마련이니까요

사랑 이상으로 위대한 것은 없으니까요

그대여! 언제 그랬느냐는 듯이

훌훌 털고 일어나요

사랑의 열정을 쏟는 내 품을 벗어나지 못해요

그대가 가진 것 하나도 빼놓지 않고 사랑해요

하물며 몸을 괴롭히는 병까지 말이에요

세상에서 가장 소중한 그대여!

언제나 내 곁에 머물러 줘요.

## 커다란 사랑

높음과 낮음은 하늘과 땅 차이
깊음과 얕음은 바닷물과 시냇물의 차이
사랑과 행복은 연인들의 한 끗 차이
더 높이 오르다가도 낮아지는 사랑이여!
더 깊이 채우다가도 얕아지는 사랑이여!
소중한 인연으로 만나 서로 주고받는
마음 하나로 커다래지는 사랑이여!
하늘에서 내려오는 햇살이 밝은 웃음을 주고
땅에서 피우는 꽃들이 오색찬란함을 선사하네
깊은 바닷물이 우리 몸속에 스며들어
새 생명을 태어나도록 하고
얕은 시냇물이 맑음을 띄워 주네
사랑의 이유로 행복이 떠나지 않는
우리의 모습이 아픔 없는 나날로
살아가기를 소망하네
우리의 생애를 푸르게 가꾸고
서로 변하지 않는 마음을 날마다 간직하네
아침에 눈을 떠도 무너질 수 없는 사랑이여!

바다 깊은 곳에서 하늘로 솟구치는 사랑이여!
온 세상 가득히 그대와 나 여기에 머무르네.

## 매우 아픈 사랑

모든 삶을 다 받쳐 한 여인을 사랑하였다
애달픈 사연에 인생과 맞바꾼 날들로 살아왔다
죽어도 좋을 만큼 사랑한 여인이
뜻하지 않은 일로 식물인간이 되었다
살려야 한다는 마음의 기도
그러나 나음이 보이지 않았다
몹시도 가여운 사랑
두 사람의 갈라짐!
아픔을 삭이며 단 한시도 눈을 뗄 수가 없다
손짓으로 가라는 여인 발길이 굳어 버린다
지켜 주는 약속이 멀지 않다면
이대로 끝내야 하는가?
아직도 다 나누지 못한 이야기가 많고
사랑의 시간이 오랜 날로 남았는데
여인이여! 일어나다오
두 손을 꼭 잡아 본다
순간 숨을 거두고 다시는
돌아오지 못하는 곳으로 떠나 버린다

뼷가루를 바다에 뿌리며 눈물을 머금는다
여인이여! 우리 다시 만나는 날 있으리라.

## 지난 후에

왜! 그런가요
그대가 한 말 믿기지 않아요
정말인가요
떠난다는 말 들리지 않아요
그대를 보낼 수 없어요
잠시 헤어지다가 돌아오면 안 되나요
지난날 아쉬움이 물들고 있어요
두 눈을 바짝 뜨고 바라보는 그대의 뒷모습
그리움에 잠기며 살아야 하나요
뭐라고 대답 좀 해 봐요
나를 사랑하지 않았어도 괜찮아요
지난 후에 혼자됨을 더듬어 봐요
나를 떠나 살 수 있을까요?
눈바람이 휘날리는
겨울을 어찌 견디려 하나요
몹시도 시리잖아요
차라리 혼자가 더 속 편하겠어요
슬픈 이별을 하지 않을 테니까요

진작부터 만나지 않았다면
서로 모르는 사람으로 살겠지요
떠나지 말아요
뒤돌아서 내게 달려와요
넓은 가슴으로 나를 안아 줘요
눈처럼 으스러지도록
우리 사랑을 새하얗게 쌓아 가요
눈 내리는 겨울밤
헤어지기 정말 싫어요.

## 사랑 사이

가느다란 실 줄로 끊어질 듯 말 듯
사랑을 이어 간다
사사로운 것들, 몸 밖으로 내버리고
너와 나 사이를 가까운 마음속에 담는다
아스라한 사랑이 빗나가지 않고
마주치는 눈동자가 뜨겁게 타오른다
너와 나 사이를 따라다니는
아니 됨을 우리 사랑으로 뒤바꾼다.

## 작은 미소

바람결에 날려 버리는 외로움

살며시 미소 짓는 내 얼굴

지난 일들, 저 멀리 보내고

영롱한 빛을 수놓는 작은 가슴

맑음을 부르는 시의 노래여!

어두운 표정도 고독도

더는 머물지 않고

사랑의 날로 접어드네

세월 따라 커다래지는 웃음

서러움도 그리움도 없는 곳으로 떠나네

흘러넘치는 사랑

숨 막히지 않는 바다

수평선 너머로 보이는 그녀에게 달려가

안아 주는 널따란 가슴

해 지는 노을 아래에 그려진 영상

별빛 내리는 아름다운 밤을 그녀와 다정히!

## 봄날을 피운다

산뜻한 봄바람이 살랑거리고
싱그러운 꽃향기가 온 누리에 번지네
치맛자락이 휠라랑 날리고
설레는 마음이 어쩔 줄 몰라 하네
회색 하늘도 어느새 맑은 햇살을 수놓고
널따란 초원에 꽃의 절정이 푸릇하네
그대를 만나는 사랑의 계절이여!
연인들이 피우는 봄이 화사하네
한 다발 선사하는 사랑의 열림이여!
꽃밭에 심어 둔 마음이 아름답네.

## 사랑 노래

어두운 밤거리를 헤매다가
네온사인 불빛 따라
문득 발걸음을 멈추네
어디선가 들려오는 노랫소리에
지그시 잠기는 나그네 마음
잠시 쉬어 가는 곳에서
기다리는 사랑아, 돌아오라
애절함이 묻어나는 깊은 울림이
그대를 사로잡네
온 마음 다 품어 내는 외침이
그칠 줄 모르고
길게 늘어선 외줄기로 비추는
나그네의 그림자
아쉬운 듯 돌아서도
사랑의 그리움을 흘려보내지 못하네
긴 밤이 다 가도록 불러도 멈추지 않는 노래
달밤이 지나도록 외쳐도 끊을 수 없는 소리
해 뜨는 사랑의 아침이 밝아 오네.

## 가을밤의 연인들

낙엽 지는 거리에
쓸쓸함을 그리는 저녁노을
붉게 물든 가을밤이 깊어 가네
연인들의 사랑이 무르익는 데이트
가로수를 걷는 미소 짓는 두 얼굴
서로의 행복을 밝히는 파란 달빛이
산뜻하게 내려앉네
귀뚜라미 노래 부르고
사랑의 속삭임이 풍요롭게 쌓이네.

## 낯선 거리의 너

수많은 인연이 스치는 거리에서
너를 만남이 사랑의 첫 약속이 되었네
긴 그리움이 어깨너머로 보이고
따스하게 내려앉은 햇볕이
가슴속을 밝히네
우리가 되어 서로를 알고
더는 낯설지 않은 정다운 모습이
온 거리에 들어차네
이대로 헤어질 수 없기 때문에
달빛 따라 흐르는 만남이
행복한 아침을 부르네
계절이 바뀌고 시간이 흘러도
오랜 인연 속에서 벗어날 수 없는
우리의 사랑이 가로수 잎들처럼 쌓이네
언제나 너를 볼 수 있는 곳
잊지 못할 추억을 간직하는 곳
가로등 불빛처럼 온 밤을

지새우는 거리에서
숨겨 둔 사랑을 꺼내 드네.

# 연정

밤잠을 설치고 난 뒤
그리움에 목이 말라
그녀에게 전화를 하며
보고 싶다고 말하네
이성을 느끼며 연인의 정을
전하고픈 마음속에
그녀를 포근히 안으며
사랑한다고 속삭이네
우리 떨어져 있어도
어디서든 남아 있는
기나긴 날의 연정이여!
살을 맞대지는 않아도
맑은 호수처럼 깊어지는
둘만의 사랑이여!
언젠가는 만나야 할 운명이기에
잠시 혼자 지내며
아침마다 뜨는 햇살 속에
방긋 웃는 그녀의 얼굴을 그려 보네

우리 마음 변하지 않는
연정을 내품으며
사랑의 내일을 약속하고
밝은 행복을 꿈꾸며
너와 나 하나 되어
한곳에 머물자.

## 푸른 연인들

향긋한 꽃 내음이 푸르게 번지는
봄날의 사랑이 다정한 연인들이여!
가로수 따라 새하얗게 피운 벚꽃을 보며
행복한 미소를 담고 걷는 연인들이여!
따사로운 봄 햇살 사이로 비쳐오는
우리만의 사랑이 시드라지 않네
푸르게 뻗친 가지마다
주렁주렁 매달린 잎들이 풍요롭네
서로 간직하는 사랑의 꽃을
마음에 피움이 아름답네.

## 아름다운 여인/드림의 시

오랜 세월 속에서 수많은 옷깃이
바람처럼 무심하게 스쳤던가요
아름다운 여인을 만나기 위해
그 얼마나 헤매었던가요
나 홀로 살면서 사랑의 눈을
제대로 뜨지 못했어요
무언가를 찾는 나그네 인생이 되어
숱한 날을 떠돌았어요
선한 마음 갖고 살아가는 세상 한가운데서
발버둥 치는 나를 붙잡아 주기를 기다려요
여인이여! 기쁨의 미소로 바라볼 수 있다면
그 얼마나 좋을까요?
강물이 바다로 흘러가듯이 그리 멀지 않은
인연이 길어질 수 있어요
늘 한결같은 사랑을 원하는 바
만남의 날이 가까이 왔어요
아름다움을 피우는 꽃처럼 여인의 향긋한
사랑이 시들어 버릴 수 없어요

끝없음이 영원 속으로 향하는
마음의 시를 받아 주어요.
나만의 여인이여!

## 네 글자

그리워요

보고파요

기다려요

돌아와요

사랑해요

전화해요

바쁜가요

만날까요

약속해요

어디예요

지금가요

다왔어요

차마셔요

웃어줘요

## 이별에서 사랑까지

누군가를 만나기 전에
이별을 해 본 적이 있나요
어디서든 스치는 옷깃을
붙잡아 본 적이 있나요
숱한 이별을 하면서
살아온 것이 아닐까요?
아무것도 몰랐던 그대를
만나리란! 생각을 못 했어요
지금도 늦지 않은
사랑으로 바꾸어 보아요
미리 해 둔 이별!
더는 찾아오지 않아요
거꾸로 사랑할 수 있으니까요
행복한 미소로 대답하는 그대!
우리의 이채로운 사랑을
이별이 갈라놓지 못해요
아픔이 없는 마음속에
기쁨이 넘쳐흘러요

내 사랑 그대여!
우리 다정히 손잡고 걸어요.
저 먼 길 끝까지!

## 사계절 속의 사랑

일 년 사계절 따라 달라지는
연인들의 데이트
어디로 갈지 몰라
망설이다가 찾는 곳
널따랗게 그려진
사랑의 풍경 속으로
다정히 걸어가네
머무는 발길마다 피움
가득히 그대로인 듯
아름다워 보이네
변하지 않는 사랑의 마음이
온 곳마다 들어서네
사계절 모두 둘이서 만나는 연인들이여!
세상 끝까지 함께 다짐한 사랑이여!
맑고 흐림이 바뀌어도 놓치지 않네.

## 아스라한 사랑

바람처럼 스치는
사랑이 점차 다가온다
잡으려 해도 쉽사리
잡히지 않는다
나의 연인 어디에!
이리저리 찾아 헤매다가
뒤돌아 갈 때면
남도 끝까지 쫓아간다
바람처럼 스치는 사랑을
붙잡지 않으면 안 된다
놓쳐 버림이 잘못이 아니라 하여
둘로 갈라질 수 없다
그대와 나 가까워지는 날까지!
잊지 못하는 그리움을
더 넓혀야 한다
한 번 빠져들면 깊이를
더하는 사랑 때문에
멀어질 수 없는 사이가 된다.

## 피우지 못한 사랑

들판에 피운 꽃의 나이가
몇 살쯤 되었을까?
가지에 줄줄이 매달린 채로
살아가는 서글픔이 더하고
사랑받지 못하여 쓸쓸히 시들어 가네
이대로는 안 될 것 같아 홀로 피우는
누군가와 인연 맺음도 쉽지 않네
매일 만나듯 하지만
잎을 피우지 못하는 외로운 여인!
끝내는 거센 폭풍우에
휘말려 꺾여 버리네
너무나도 애절하여
이슬방울이 슬프게 떨어지네
이대로 시들고 싶지 않아서
끈기로 버티며
피우려고 온갖 애를 쓰네.
언젠가는 다시
사랑할 수 있을 때까지!

## 시인의 사랑

봄 햇살 비추는 창가에
머무는 시인의 고뇌여!
따사로움 속에 그려 보는
시적인 그대는
나의 마지막 사랑인가?
내가 그대의 맨 처음 사랑인가?
아무 대답 없는 물음표에
그리움만 길어지고
떠올린 시의 표현이
가슴을 짓누른다
어디선가 들려올 듯한
여인의 목소리에
귀를 기울이지만
바람 소리만 들려온다
머리카락 휘날리며
살포시 걷는 창밖의 여인이
뇌리에 스칠 때마다
사랑이란! 말을 쓴다

연인이 되고 싶은

애타는 가슴이 타들어 가고

숨길 수 없는 속됨이

이름 모를 그대를 휘감는다

한 편의 드라마틱 사랑이

시 속에 그려질 무렵!

음악이 흐르는 카페에

그대와 마주 앉는다

싸늘히 식어 가는

커피잔을 보며 서로를 위한

사랑이 무엇인지

깊은 생각에 잠긴다

꽃바람 부는 따사로운

봄날에 시인의 발길이

시 속의 여인과

바깥세상을 거닌다.

## 끝날 수 없는 사랑

다시는 후회하지 말자
차라리 잊어버리자
수없이 다짐했건만 그리움 때문에
보고 싶은 날들이 갈수록 길어진다
문득 떠올리는 기억 속에서
지울 수 없는 너의 모습
가슴 아픈 이별도 눈물의 슬픈 헤어짐도
이젠 다 내던져 버리고 다시 만나고 싶다
정녕! 끝날 수 없는 사랑이여!
하루속히 돌아오라
못다 한 사랑이여!
우리가 되어 이룰 수 있으리라
지난날은 중요하지 않다.

## 가을 타는 바람

쓸쓸히 지는 낙엽들이
바람결에 흩어져
어디론가 홀라당
날아가 버리네
느닷없이 밀려드는 고독을
차마 뿌리치지 못하는
가을의 시가 기나긴
그리움 속에 남겨지네
가을 타는 줄지음이
끝없는 사랑이 되어
입가에 미소가 떠나지 않는
시월의 연인들이
햇볕 따듯하게 내려앉은
가로수 길 따라 걸어가네
가을이 가기 전에
고백하는 사랑
서로 마음 열고
겨울이 오기 전에

만남을 위한 약속

변할 수 없는 다짐이

언제나 그 벤치에!

## 사랑의 운명

인연이란! 한순간이
기나긴 만남을 약속하고
너와 나의 사랑이
하나로 모아진다
세상 가장 밝은 곳에서
마음 산뜻한 느낌을 받으며
서로의 운명이 갈라서지 않도록
굳센 다짐을 한다
정녕! 헤어질 수 없는
사이가 되어 먼 길 따라 걸으며
행복한 얼굴을 마주하며
웃음꽃을 화들짝 피운다
때로는 아프고 슬프지만
두 손 꼭 잡고 감싸 주는 사랑이
더욱더 깊어지는
아름다움을 매일같이 그린다
둘만의 공간을 만들고
서로를 위한 삶을 살아가고

그 언제나 곁에서 떠나지 않는
온 마음 다하여
끌어당기는 운명의 힘이
매우 강하다
돌아설 수 없는
그대로의 모습이
진실을 말하고
어디서든 볼 수 있는
기다란 생각을 아무도
줄이지 못한다
계절 따라 흘러가는
우리의 이야기들,
어느 선에서 붙잡으면
정다움이 더한다
아침마다 눈을 뜨면 보이는 사랑
저녁노을 지는 풍경 속에 남기는 추억
운명이란! 이름으로 아주 오래도록
기억되는 너와 나 여기에!

## 뒤늦은 사랑

외로움에 지쳐 버린 나그네 인생을 접고
뒤늦게나마 사랑을 시작해야 하는 걸까?
인연의 손길이 닿는 그대 찾아 헤매는 마음
만남이여! 오라
사랑의 목마름을 식히고
비워 둔 자리를 채우리라
멀어질 듯 가까운 그대 어디에!
낯선 스침이 머무르는 거리를 걷네
오랜 세월 속의 기다림을 끝낼 수 있을까?
진정한 사랑의 의미를 두고 보아 온
마음의 눈을 다시 뜨는
밝아진 얼굴로 다가갈 수 있네
그리움 가득히 밀려온 수많은 밤이여!
달빛 젖은 창가에 놓인 두 잔의 인생 차에
사랑이 넘치는 이야기의 끝은 없으리라.

## 창밖 하늘가 너에게로

어두운 침묵 속에서
고독이 휘몰아치고
감출 수 없는 외로움이
길어지는 밤이여!
적막한 하늘가에 반짝이는
너의 얼굴이
나를 보며 웃는다
달 마차를 타고
별빛 따라 달려간다
한 떨기 낙엽으로 띄운
그리움 찾아간다
너의 창가에 닿을 때까지!

긴 밤이 지나면
우리 이제 만날 수 있을 거란!
기쁨이 샘솟는다
햇살이 밝아 오는 아침에 이르면
지난밤 일들이 수그러진다

너와 내가 여는 즐거운 하루

신비한 사랑을 떠올린다

창밖 하늘가

너에게로 가는 나를

반겨 주어서 뜨거운

입맞춤을 한다

두 잔의 커피가

가지런히 놓인 곳에서

너와 마주하니

들뜬 표정을 지울 수 없다.

이다지도 흐뭇한 날에!

## 사랑과 미움의 차이

멀고도 가까운 인연 속에서
둘의 만남이 사랑을 꽃피우고
기나긴 그리움을 끌어안네
서로 손을 놓지 않는 다짐을 하고
따스한 눈빛으로 바라보는 두 사람
돌아서지 못하는 이유로
맨 처음 그 자리를 떠날 수 없네
그러나 갈등이 깊어질 무렵!
서로를 위한 사랑이 무너져 내리고
다시는 쌓을 수 없음이 미움 때문이네
가슴 아픈 상처로 남을 때
이별의 눈물이 흐르고 미움 따라
가버린 사랑이 두 번 다시 돌아오지 않네
정녕! 이대로 끝나 버린 것일까?
아니다. 미움을 지울 때까지 사랑하네.

## 거짓된 사랑

나의 사랑은 너는 아니야

너의 이별도 내가 아니야

아는지 모르는지!

좋아하는 이유로 줄기찬 만남은

시간 낭비일 뿐이야

무턱대고 사랑에

목 매일 필요가 없는 거야

안 그런 척 웃음 주어도

얼굴에 다 쓰여 있음이야

내숭 떠는 것도 보기가 역겨운 너!

행복을 찾음이 아닌 속없는 짓거리야

가고 오는 말을 듣지 않음도

무언가 얻는 속셈에 불과한 거야

영원을 믿지 않는 나

사랑이 아닌 거야

몹시도 보기 싫은 너

그립지 않은 거야

이제야 알겠니! 나를 떠나라.

## 기다리는 계절

사랑하는 여인이여!
지금 어디에
이별을 미워한 여인이여!
지금 어느 곳에
약속의 시간을 찾아
떠나는 나
아직도 남아 있는
추억의 노래를
지워 버릴 수 없네
돌아온다는
말 한마디에
기다리는 계절!
어느새
긴 겨울이 지나고
꽃 피우는 봄이 왔는데
언제나 만날까?
사랑의 타오름을
꺼트릴 수 없는

그리움의 가슴을 아는가?
텅 비운 공간을
한가득 채우는 여인의 모습
보고픈 날에 지칠수록
한없이 깊어지는 것이
사랑이기에 기다림은
끝나지 않네.

## 살인 사랑

역효과를 불러일으키는 사랑
너무나도 미워서 죽이고 싶은
충동감을 느낀다.
이별 후의 잘못을 용서하고
받아들이지만 한계점에 닿으면
잔인한 말을 내뱉어 버린다.
이성을 잃고 과감하게
쏟아내는 악의들,
감정이 폭발하면 참지 못한다.
무서운 공포감에 휩싸이는
마음의 두려움이 드리워도
죽어 못 사는 인연이다.
사랑의 법도를 넘어서면
돌아오는 건 쇠고랑뿐이다.

## 기억 저편

세월이 갈수록 길어지는 그리움
저편 너머 바라보는 눈동자
기억 속에 들어차는 너와의 추억
잊지 못할 그곳으로 가는 나
보고픈 너를 생각하며 쓸쓸히 떠나네
휘감아 도는 바람의 사랑을 붙잡는 손길이
차갑지 않은 내 안의 너!
우리 사랑 끝나지 않았음을 짐작하네
꽃잎을 피우듯 다시 시작할 수 있고
지난날로 돌아갈 수 있네
잠자던 기억이 깨어나
가깝게 느껴지는 저편의 너!
짧았던 만남과 다 주지 못한 마음
성급했던 이별이 아쉬움으로 남아
너의 곁으로

## 별이 된 사랑

1
어둠이 짙은 밤하늘에
반짝이는 그대의 별이여!
살아생전 주고받았던
사랑을 떠올릴 때마다
외로운 나를 비추어 주나요
지난날이 슬픈 추억으로 남아
환상의 꿈을 깨우나요
희미한 그대의 영혼이
잡힐 듯 놓치는
쓸쓸한 밤이여!
고요한 침묵 속에
눈물이 흐르고
아픈 사랑을 부르는
기나긴 고별 속에서
어디로 가야 하나요.

2

창가에 어리는 그대 얼굴

너무나 보고 싶어서

한숨도 못 잔다오

정녕! 잡을 수 없는

아주 멀리 있는 사랑

슬픔이 여울지는

내 가슴이 찢어질 듯 아프다오

다시는 마주할 수 없음이

그 얼마나 애타는 서글픔인지

이내 흐느낀다오

이 세상에 없는

그대 잊지 못하는 까닭은

홀로인 것에 지쳐 있기 때문이라오

돌아올 수 없는 그대 향한 그리움

밤하늘의 별이 된

사랑을 끝낼 수 없기에

가까이 보이나요.

따사로이 감싸 주는 것처럼!

## 사랑의 끝을 향해

사랑이란! 시시한 걸까?
아니면 정말로 아름다운 걸까?
알 수 없기 때문에
시를 쓰고 노래를 부르네
사랑 찾아 헤매는
기나긴 미로의
끝은 보이지 않네
생각하기 나름이라며
각자 다른 의미로 말하네
그리움이 물들고
마음속에 간직하는
깊은 사랑이 떠나지 않도록
굳게 붙드네
우리가 되어
모든 받아들임을
꽃처럼 향긋하게 피우네.

한 생애 다하는 날까지

너를 놓지 않으리라
한 세상 끝나는 날까지
너를 잊지 못하리라
마지막 날이 올지라도
정녕! 너만을 사랑하리라.

## 이별 없는 세상을 위하여

긴 시간을 두고 생각해 봐
만나야 할 이유가
충분히 남아 있잖아
지금 가 버리면
지난날의 사랑이
다 물거품이 될 거야
왜! 그렇게 서두르니
너란! 존재가
그다지 밖에 안 되는 거니
한 번 더 생각해 보자
지난 모든 만남의 시간을
커피가 식어 가고 있어
흐르던 음악도
곧 끝날 거야
우리 이대로
헤어질 수 없어
너 떠난 후의
상상조차 하기 싫어

그리 간다면
나와 함께 가는 거야
그토록 아름다운 추억을
쉽사리 내버릴 수 없고
너를 얼마나
가슴 조이도록
사랑하는지 아니!
이별 없는 세상 속에
너와 나 있음이야.

## 영원의 선을
## 이루는 사랑

ⓒ 이석환, 2024

초판 1쇄 발행 2024년 4월 8일

| | |
|---|---|
| 지은이 | 이석환 |
| 펴낸이 | 이기봉 |
| 편집 | 좋은땅 편집팀 |
| 펴낸곳 | 도서출판 좋은땅 |
| 주소 | 서울특별시 마포구 양화로12길 26 지월드빌딩 (서교동 395-7) |
| 전화 | 02)374-8616~7 |
| 팩스 | 02)374-8614 |
| 이메일 | gworldbook@naver.com |
| 홈페이지 | www.g-world.co.kr |

ISBN 979-11-388-2942-7 (03810)

- 가격은 뒤표지에 있습니다.
- 이 책은 저작권법에 의하여 보호를 받는 저작물이므로 무단 전재와 복제를 금합니다.
- 파본은 구입하신 서점에서 교환해 드립니다.